POLICIERS

ET

POMPIERS

EN

DEVOIR

1851–1977

——————— LES PUBLICATIONS DU QUÉBEC ———————
1500 D, rue Jean-Talon Nord, Sainte-Foy (Québec) G1N 2E5

VENTE ET DISTRIBUTION
Téléphone : (418) 643-5150 ou, sans frais, 1 800 463-2100
Télécopie : (418) 643-6177 ou, sans frais, 1 800 561-3479
Internet : www.publicationsduquebec.gouv.qc.ca

Catalogage avant publication de Bibliothèque et Archives Canada

Laurent, Jeannine

    Policiers et pompiers en devoir, 1851-1977
    (Aux limites de la mémoire)
    Publ. en collab. avec : Archives nationales du Québec.

    ISBN 2-551-19689-2

    1. Police – Québec (Province) – Histoire – Ouvrages illustrés. 2. Incendies, Services des – Québec (Province) – Histoire – Ouvrages illustrés. 3. Police – Québec (Province) – Histoire. 4. Incendies, Services des – Québec (Province) – Histoire. 5. Policiers – Québec (Province) – Histoire. 6. Pompiers – Québec (Province) – Histoire. I. St-Pierre, Jacques, 1954- . II. Archives nationales du Québec. III. Titre. IV. Collection.

HV8159.Q8L38 2005   363.2'09714"0222   C2005-940894-4

Les Publications du Québec
Archives nationales du Québec

Jeannine Laurent
Jacques Saint-Pierre

POLICIERS ET POMPIERS EN DEVOIR

1851-1977

Les photographies apparaissant dans cet ouvrage proviennent principalement des fonds des Archives nationales du Québec et la recherche iconographique a été réalisée par le personnel du réseau des Archives nationales du Québec, sous la responsabilité de Julie Fournier, chargée de projet.

Les autres photographies présentées dans cette publication sont tirées des fonds d'archives suivants : Ville de Québec, Ville de Montréal, Bibliothèque nationale du Québec, Bibliothèque et Archives Canada, Séminaire de Québec, Sûreté du Québec et de quelques collections privées.

Cette publication a été éditée et produite par
Les Publications du Québec
1500 D, rue Jean-Talon Nord
Sainte-Foy (Québec) G1N 2E5

Chef du projet d'édition
Michel R. Poulin, Les Publications du Québec

Sélection finale des photos, recherche et rédaction
Jeannine Laurent et Jacques Saint-Pierre

Direction artistique
Brigitte Carrier, Les Publications du Québec

Chargé de production
Réjean Pilotte, Les Publications du Québec

Retouche photographique
Benoit Arseneault, Brigitte Carrier, Lucie Pouliot, Les Publications du Québec

Odette Lambert, infographiste

Mise en pages
Groupe Dorcas

Conception graphique de la collection
Marc Duplain sous la direction artistique de Brigitte Carrier

Aux fins d'édition, certaines photographies du présent ouvrage ont pu être retouchées ou recadrées.

Dépôt légal – 2005
Bibliothèque nationale du Québec
Bibliothèque nationale du Canada
ISBN 2-551-19689-2
ISBN 2-551-19685-X (ENSEMBLE)
ISSN 1714-0730

Remerciements

Nous tenons à souligner l'apport précieux de
Lise Beaulieu, Jean Montreuil, François Pelletier et Nathalie Faucher
à la réalisation de cet ouvrage ainsi que de Lucette Lévesque pour la révision linguistique.

—•—

Nous soulignons également la contribution du personnel
des Archives nationales du Québec qui a collaboré à la recherche iconographique
ainsi qu'à la numérisation des photographies provenant
de ses fonds d'archives.

Sommaire

Policiers et pompiers
en devoir

À LA FAVEUR DU DÉVELOPPEMENT général de la société québécoise, les pouvoirs publics, à différents niveaux, ont été conduits à créer des services de plus en plus nombreux et spécialisés pour répondre aux besoins des citoyens et assurer leur bien-être tant individuel que collectif. Dans des secteurs extrêmement variés qui vont de l'approvisionnement en eau à la fourniture d'électricité, du réseau routier au transport, de l'éducation aux services de santé, de la sécurité publique aux loisirs, des équipes qualifiées se sont constituées pour servir la collectivité. Parmi ces services dits de proximité, il en est deux qui se distinguent de tous les autres en raison de la nature particulière de l'engagement qu'ils exigent : les corps de police et de pompiers. En effet, l'engagement des policiers et des pompiers n'est comparable à nul autre et il dépasse largement la compétence professionnelle et le dévouement habituellement requis ; dans leur métier, le *devoir* a une connotation bien spéciale puisqu'il leur enjoint d'affronter le danger et de mettre leur vie en jeu, s'il le faut, pour assurer la sécurité des citoyens et de leurs biens. ▪ Au-delà de cette communauté d'esprit fondamentale, il se trouve aussi que policiers et pompiers ont souvent cheminé de concert et partagent de ce fait une histoire commune plus ou moins longue : dans bien des municipalités, les deux corps n'en ont d'abord formé qu'un, ou du moins ils s'appuyaient sur un noyau commun de personnes ; et de nos jours encore, il n'est pas rare que la caserne des pompiers avoisine le poste de police. Enfin, les deux corps de métier partagent un contexte de travail qui colore d'une façon particulière la partie visible de leurs activités. Leurs interventions les plus spectaculaires, qui alimentent fréquemment la une des journaux en images percutantes, s'inscrivent dans un contexte à fort potentiel de drame ou de catastrophe : un immeuble ravagé par les flammes, un accident meurtrier, une manifestation qui tourne à l'affrontement, etc. Bref, des faits divers qui émeuvent en raison de la présence latente du danger, et où s'illustre le caractère d'hommes formés à la nécessité de prendre des décisions dans l'urgence. Voilà ce qui fonde, à notre avis, l'unité du sujet de cet ouvrage.

Policiers et pompiers en devoir illustre concrètement le travail de ces spécialistes et l'évolution des deux corps au cours de la période qui couvre 125 ans, de 1851 à 1977. Dans l'un et l'autre groupe, les conditions d'exercice et la pratique du métier ont été affectées par des changements techniques considérables. Pour mieux en rendre compte et en signaler les effets, il a paru opportun de traiter chaque corps séparément dans certains chapitres consacrés à l'équipement (chapitres IV et VII) et au travail sur le terrain : Pompiers en devoir (chapitre III) Policiers auxiliaires de la justice (chapitre V) ou Policiers gardiens de l'ordre public (chapitre VI). Le choix des photographies disponibles varie sensiblement selon le thème traité. Par exemple, elles sont nombreuses à illustrer les efforts des pompiers pour combattre le feu, tout comme l'intervention des forces de l'ordre pour assurer la sécurité des personnes. Par contre, elles se font plus rares pour documenter le travail des enquêteurs. Leurs tâches moins spectaculaires s'exécutent davantage dans des bureaux ou des laboratoires, plus discrètement, et par conséquent elles trouvent moins d'écho dans les médias. La convergence des deux groupes sur le plan des objectifs, des valeurs et des mentalités nous a incités à en présenter les traits marquants en un tout, sans distinction de corps. Les deux premières sections du livre, consacrées aux corps de métier proprement dits et à la formation professionnelle, établissent en quelque sorte le profil ou la personnalité particulière qui s'élabore progressivement dans ces services. Les deux derniers chapitres réunissent aussi les deux groupes autour de préoccupations partagées, telles la sensibilisation du public et la prévention. Surtout, bien des choses qui dépassent l'exercice de leurs fonctions unissent étroitement policiers et pompiers et contribuent à les rapprocher. Pensons aux membres de ces fraternités vouées à l'entraide et à la solidarité non seulement entre eux, mais aussi avec les défavorisés, notamment les enfants : le Noël des petits , les camps de jeunes, la participation à des activités sportives, à des fêtes de charité, etc. Cette notion de famille agrandie, de confiance en leurs partenaires et de souffrance partagée est particulièrement évidente lorsque l'un des leurs est blessé ou meurt en devoir. Les familles de ces hommes voués à la protection de la société vivent les mêmes attentes et les mêmes angoisses. Tout cela contribue à tisser des liens très forts qui dépassent largement l'échelle locale.

« L'essentiel de la mission des forces policières, tant historiquement que légalement, est de maintenir l'ordre et la sécurité publique et de protéger la vie et les biens des citoyens. » (*Le conseiller juridique*, n° 19, 14 janvier 1998). Au Québec, c'est dans le cadre des villes que se sont formés, au milieu du XIXe siècle, les premiers embryons de forces policières telles que nous les avons connues jusqu'à tout récemment. Ces polices municipales se sont renforcées et étendues au fur et à mesure des changements de la société et en liaison avec l'évolution des structures urbaines. Depuis 2000, les municipalités locales qui ne font partie ni d'une communauté métropolitaine ni d'une région métropolitaine de recensement sont desservies par un corps de police municipal si leur population est de 50 000 habitants ou plus, ou par la Sûreté du Québec si leur population est de moins de 50 000 habitants. ▥ Le Québec a été la première province à se doter d'une police centrale. Après avoir échoué dans ses efforts pour fusionner les corps policiers de Montréal, Trois-Rivières et Québec, le gouvernement est parvenu en 1870 à un accord qui lui a permis d'intégrer les effectifs policiers de la ville de Québec dans une police provinciale. Cette entente a duré quelques années et, après 1878 et jusqu'à la fin de la Première Guerre mondiale, la Police provinciale est intervenue surtout dans l'est de la province et aux alentours de la capitale. ▣ Au début des années 1920, le gouvernement du Québec crée un nouvel organisme, la « Sûreté provinciale » ou « Police provinciale » qui absorbe la Police provinciale de Québec et le Bureau des détectives provinciaux de Montréal. Puis, deux corps parallèles implantés à la même époque, la Police de la circulation et la Police des liqueurs, sont intégrés à la Sûreté provinciale en 1938. Elle compte désormais quatre branches : la police judiciaire, la gendarmerie, la police de la route et la police des liqueurs. La Police des liqueurs en est cependant détachée en 1940 et elle est réintégrée en 1960. La Sûreté provinciale devient la Sûreté du Québec en 1968. ▥ L'aventure qui a débuté en 1870 se poursuit avec succès, d'autant plus que ces transformations structurelles s'accompagnent d'une mutation tout aussi considérable sur les plans du recrutement et de la formation des policiers. À compter de 1969, l'Institut de police de Nicolet prend la relève de l'école de police de la Sûreté instaurée en 1961 à Montréal. Il offre une formation à l'ensemble des policiers québécois et deviont on 2000 l'École nationale de police du Québec. Après une formation initiale de trois ans en techniques policières dans différents cégeps, le passage par l'école de police des aspirants policiers marque de façon tangible leur adhésion au statut de professionnels.

***

Les services de pompiers ont évolué eux aussi d'une façon spectaculaire au cours de ces 150 dernières années. Au milieu du XIXᵉ siècle, chaque citoyen était un pompier volontaire. Au son du tocsin, les gens accouraient pour aider à contenir les flammes. Le risque de conflagration était permanent, en particulier dans les faubourgs à forte concentration de maisons en bois. À elle seule, la ville de Québec est éprouvée à une douzaine de reprises de 1845 à 1877. C'est d'ailleurs à la suite d'incendies majeurs que plusieurs municipalités du Québec ont mis sur pied leur service de protection. 📷 Les premières brigades de pompiers permanents apparaissent au début des années 1860 dans les villes de Montréal et de Québec. L'installation de bornes d'incendie reliées au réseau d'aqueduc et l'utilisation de systèmes d'alarme télégraphiques accroissent de façon significative l'efficacité des sapeurs cantonnés dans des casernes réparties dans les différents quartiers de ces deux villes. D'autres cités, comme Sherbrooke, emboîtent le pas. Les outils mis à la disposition de ces pompiers de métier s'améliorent. À ce chapitre, les pompes à vapeur représentent un grand pas en avant. Les villes de Montréal, Québec et Sherbrooke se dotent de cet équipement au début des années 1870 et on en trouve dans les villes de taille moyenne en 1900. Les dévidoirs et les voitures à boyaux et à échelles tirées par des chevaux complètent l'arsenal des pompiers de la Belle époque. 📷 Dans les petites municipalités rurales, la dispersion de l'habitat réduit les risques de propagation des flammes. Les paroisses de colonisation sont cependant à la merci des incendies de forêt, tels que celui qui a ravagé le Saguenay en 1870. Souvent provoqué par la foudre, le feu est accepté par les habitants de la campagne avec résignation, et les efforts de la communauté sont concentrés sur le secours aux sinistrés et la reconstruction des bâtiments plutôt que sur l'extinction des flammes. Il faut attendre le début du XXᵉ siècle pour voir certaines municipalités rurales se donner des moyens de lutter plus efficacement contre les incendies. 📷 Le gouvernement du Québec adopte une première loi sur la prévention des incendies, qui prévoit la tenue d'enquêtes sur les sinistres d'origine douteuse. Très rapidement, le Commissariat aux incendies est appelé à fournir de l'expertise technique aux municipalités. La loi est amendée en 1928 afin d'accorder une place plus importante au travail fait par le Commissariat aux incendies dans le but d'aider les municipalités qui le désirent à se doter d'un service de protection. Le ministère des Travaux publics verse des subventions et le commissaire des incendies est chargé de l'inspection des installations aménagées avec l'aide des fonds publics. Celles-ci vont de l'achat de matériel, comme des boyaux, des pompes et des véhicules, à la conception de systèmes d'aqueduc et à la construction de postes. Certaines des photos du livre ont été prises par le commissaire Ernest Lavigne lors d'une tournée provinciale des services de protection contre l'incendie municipaux au début des années 1940. ▧ Les investissements dans le matériel sont complétés par la formation des pompiers volontaires concernant les techniques d'extinction et la diffusion d'informations sur la prévention des incendies. Bon nombre de photos illustrent des activités dans le contexte de la Semaine annuelle de prévention des incendies au cours de laquelle les pompiers, tant professionnels que volontaires, sont plus visibles. Le reste du temps, ils sont là, toujours prêts à intervenir pour sauver des vies et protéger les biens, mais ils restent invisibles. S'ils participent parfois à des manifestations publiques, c'est lorsqu'ils sont en devoir avec leur casque si singulier, leur imperméable et leur rutilant camion rouge, qu'ils sortent de l'ombre. Leur combat contre l'élément destructeur est un sujet de choix pour les photographes, amateurs et professionnels. Les images que nous avons retenues illustrent des incendies qui sont survenus sur une période de plus d'un siècle.

***

L'histoire des policiers et des pompiers au Québec vue à travers l'objectif de l'appareil photo, c'est à la fois des reportages illustrant certains aspects de ces deux métiers, comme l'équipement, le travail de prévention, la formation, l'entraînement, les compétitions sportives, et de nombreux clichés de faits divers, c'est-à-dire d'accidents de la route, d'incendies ou d'enquêtes criminelles. Ce qui est particulier à ce titre de la collection Aux limites de la mémoire, c'est que plusieurs photos proviennent de photographes à la pige. Si Ernest Lavigne, Jules Rochon et d'autres répondent aux besoins de ministères, Conrad Poirier, Paul-Émile Duplain, Philippe Gingras, Jacques Darche, J.-Gérard Lacombe et J.-Hermann Bolduc, pour ne mentionner que ceux-là, travaillent à leur compte. Comme ils sont pour la plupart méconnus à l'extérieur de leur région, il convient de les présenter brièvement.

📷 Une cinquantaine de photographies proviennent du fonds Conrad Poirier conservé au Centre de Montréal des Archives nationales du Québec. Né en 1912, ce photographe prolifique, qui a laissé une réputation d'excentricité, vend ses clichés aux journaux et revues populaires de la métropole. Il fait de la photographie sociale avant l'heure, s'intéressant au travail, à la rue, aux manifestations populaires, etc. Le fonds Paul-Émile Duplain, déposé au Centre de Québec des Archives nationales du Québec, nous a aussi été très utile. Il a été sacristain de sa paroisse natale, Saint-Raymond de Portneuf. En 1940, il acquiert du photographe Zénon Pagé un édifice situé sur la rue Principale. En plus du studio et du fonds de négatifs du photographe, cet établissement loge un restaurant et une salle de quilles. Duplain garde à son emploi un photographe du nom de Joseph Bégin, mais il en vient bientôt à s'intéresser lui-même à la photographie, métier qu'il pratique à partir de 1948. 📷 Philippe Gingras apprend son métier chez Jules-Ernest Livernois, à Québec, puis il s'établit à son compte sur la rue Saint-Joseph en 1894. Avant de devenir photographe à la pige pour le quotidien *La Tribune* au début des années 1950, Jacques Darche est commerçant de papeterie, de matériel de classe et d'artiste à Sherbrooke. Son fonds compte plus de 186 000 photos déposées au Centre de l'Estrie des Archives nationales du Québec ; c'est un véritable trésor du patrimoine québécois. 📷 Dans les régions éloignées, les photographes professionnels se spécialisent le plus souvent dans le portrait et la photographie commerciale, mais ils s'intéressent aussi aux faits divers. Originaire de Rimouski, J.-Gérard Lacombe suit des cours de photographie par correspondance et il ouvre son studio en 1948. Établi à Rouyn-Noranda, Joseph-Hermann Bolduc entre dans le métier de la même façon en 1935. Le livre contient quelques photos de chacun de ces artisans de l'image. 📷 La plus ancienne photo de fait divers qui apparaît dans le livre a été envoyée par Philippe Gingras à la revue *Le Monde illustré*. Elle montre l'incendie du quartier

Saint-Roch en 1899. Nous avons également reproduit une photo du même quartier après l'incendie de 1866, signée Livernois et Bienvenu et publiée en 1870 dans le *Canadian Illustrated News*. Les catastrophes, les crimes, les accidents étaient déjà des sujets de prédilection de la presse illustrée à la fin du XIXe siècle. Nous avons sélectionné quelques clichés plus récents publiés dans *The Gazette*, *Le Jour* et *Allô Police*, qui illustrent le travail des policiers. D'autres images retenues ont d'abord été publiées dans les journaux régionaux, dont *La Tribune* et *Portneuf-Presse*.

***

Au moment de céder la parole aux images, nous tenons à signaler le soutien que nous avons trouvé dans les divers centres des Archives nationales du Québec où a été effectué le premier tri de la documentation iconographique de ce livre. Nous sommes aussi redevables au personnel de ces centres pour les pistes de recherche qu'on nous a volontiers fournies pour expliciter le contenu et le contexte de ces images, et tout spécialement à mesdames Estelle Brisson et Marie-Noële Richer qui nous ont accueillis, assistés et soutenus lors de notre passage au Centre de Montréal des Archives nationales du Québec. De façon particulière, nous voulons remercier madame Julie Fournier, chargée de projet, et messieurs Martin Lavoie et Jacques Morin pour leur aide généreuse et leur soutien actif. Nous voulons également souligner la bonne collaboration reçue de la Direction des relations internationales et du protocole de la Sûreté du Québec, en particulier celle de Claude Levac, directeur, du capitaine Jean Côté et du sergent Jacques Vézina ainsi que de l'Association des policiers retraités de la SQ, section Montréal. Enfin, nous ne saurions passer sous silence la sagesse aidante et la confiance que nous a prodiguées le chef de projet, monsieur Michel R. Poulin des Publications du Québec, tout au long de la conduite de ce projet.

Corps de métier

Volontaires recherchés

Si en temps de guerre beaucoup de femmes ont retroussé leurs manches pour combler les vides laissés par l'engagement des hommes sur le front, il n'en a pas été de même chez les pompiers. On manquait de candidats, mais la société, sans doute, n'était pas prête à voir les femmes pratiquer ce dur métier. Soucieux de susciter des vocations, le comité de la protection civile organise des expositions mettant en évidence pièces d'équipement, systèmes d'alarme et moyens d'intervention. Ce sont des pompiers volontaires qui animent le stand du service auxiliaire d'incendie à Montréal en 1942.

Photo : Conrad Poirier, 1942, Le Centre de Montréal des Archives nationales du Québec, P48,S1,P8087.

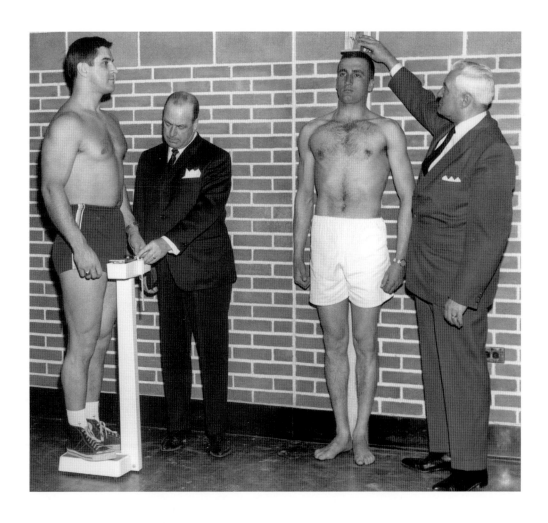

Bon pied, bon œil

Les aptitudes physiques jouent un rôle dans la sélection des policiers, et cela, depuis longtemps. Le métier veut que ces hommes doivent parfois s'imposer, contrôler les foules, intervenir lors des grèves; bref, il y a beaucoup d'occasions où la robustesse est requise. En 1964, les nouveaux policiers passent sous la toise et font contrôler leur poids tout comme leurs prédécesseurs, même si leur capacité physique n'est pas mise à l'épreuve aussi souvent qu'autrefois. À voir leur stature, ces messieurs semblent tout à fait aptes au service.

Photo : auteur inconnu, 1964, Archives de la Ville de Québec, n° 6032.

Policières au travail

En 1919, les deux premières femmes admises depuis peu dans la police à Montréal sont retirées de l'effectif. Il faudra attendre 30 ans pour que, sous la pression du Conseil national des femmes, la gent féminine fasse enfin partie des forces de l'ordre. En 1948, 20 policières sont assermentées. Rattachées au bureau préventif de la délinquance, elles sont affectées à la protection de la jeunesse, en assurant la surveillance des lieux d'amusement, et à l'application du règlement sur les images obscènes et immorales, activité qui les conduit à fréquenter les kiosques à journaux et les librairies.

Photo : Conrad Poirier, 1947, Le Centre de Montréal des Archives nationales du Québec, P48,S1,P15089.

En remontant l'histoire de la SQ

Dès 1870, Québec devient la première province à créer sa propre police provinciale. Celle-ci intègre quelques éléments de la police de Québec et dessert principalement l'est du Québec et la ville de Québec jusqu'en 1878. La police provinciale est pratiquement abolie cette même année ; elle sera remise sur pied en 1884. Ces gendarmes posent en 1888 devant le parlement dont ils assurent la surveillance. Au début du siècle, alors que les enquêtes relèvent surtout de firmes de détectives privés, plusieurs polices gouvernementales voient le jour. Ainsi, en 1938, la police de la circulation et la police des liqueurs tombent sous l'autorité de la police provinciale qui compte alors deux branches : la police judiciaire et la gendarmerie. En 1940, la police des liqueurs retrouve son indépendance jusqu'à son intégration définitive en 1960.

Photo : auteur inconnu, 1888, Collection Sûreté du Québec.

L'équité salariale, une vieille histoire

Le conseil municipal de Montréal décide en 1945 de recruter 20 femmes policières bilingues. Plus de 100 candidatures sont retenues, mais seulement 9 postulantes réussissent l'examen de sélection : comme celle qu'on aperçoit ici, ces jeunes diplômées ont de quoi être fières. Soumises à une formation intensive de un mois, elles entrent en fonction en 1947 ; 11 autres policières seront embauchées en 1948. Leur salaire, 1 500 $ par an, est inférieur de 200 $ à celui des constables débutants. L'équité salariale est pour… 1969. En 1965, les 18 policières encore en service proviennent toutes du recrutement initial.

Photo : Conrad Poirier, 1947, Le Centre de Montréal des Archives nationales du Québec, P48,S1,P15092.

La promesse

À Québec, la sélection des employés du service de police n'a pas toujours été exempte de favoritisme. C'est du moins la situation que le chef Henri A. Royal Gagnon dénonçait vigoureusement en 1938. Son constat finit par porter ses fruits puisque, à partir de 1942, les policiers doivent prêter un serment d'intégrité. Assermenté devant un juge de paix, chacun déclare qu'il n'a « versé au maire, aux échevins [...] à qui que ce soit [...] aucune rétribution [...] en considération de ladite nomination [...] et je [ne] suis en conséquence tenu à aucun engagement ».

Photo : auteur inconnu, 1958, Archives de la Ville de Québec, n° 4038.

Pénurie de policiers

Durant la Seconde Guerre mondiale, bien des hommes étant sous les drapeaux, le Service de police de la ville de Montréal manque de personnel. Le 9 février 1945, on publie donc une annonce dans les journaux. Les exigences du poste : avoir de 21 à 30 ans, être de bonne taille, passer l'examen médical, connaître le français et l'anglais, avoir un domicile à Montréal ou dans les environs immédiats. Les critères de sélection de ces deux policiers en service à Lachine en 1945 étaient sensiblement les mêmes.

Photo : Conrad Poirier, 1945, Le Centre de Montréal des Archives nationales du Québec, P48,S1,P11867.

Une bonne condition physique, ça s'acquiert

Pour devenir policier, il faut être en bonne forme; c'est pourquoi l'entraînement physique des postulants est extrêmement poussé. Il faut savoir que dans les années 1930 le policier était amené à fournir jusqu'à 84 heures par semaine d'un travail souvent difficile et parfois dangereux. Le constable Lucien Tessier témoigne: «J'entrai au service de la police de Montréal le 10 septembre 1934. Je passai trois mois d'entraînement à l'école de gymnase de la police. Cet entraînement fut très rigoureux et en plus nous n'avions pas d'encouragement du côté du salaire».

Photo: Conrad Poirier, 1936, Le Centre de Montréal des Archives nationales du Québec, P48,S1,P771.

Une cohabitation mouvementée

Au début de l'organisation des brigades de pompiers et de policiers, les deux corps cohabitaient souvent dans des locaux mal adaptés à leur réalité respective. Cela donnait lieu à des situations parfois cocasses ou énervantes. Par exemple, les pompiers étaient dérangés pendant leur repos par des prisonniers malcommodes, et on a vu des policiers s'entraîner au tir à l'intérieur d'un poste, à proximité de la salle des pompiers. L'entente cordiale… peut-être pas tous les jours. Comme ici, à Montréal-Ouest, beaucoup de postes portaient la double identification de poste de police et de pompiers.

Photo : Conrad Poirier, 1939, Le Centre de Montréal des Archives nationales du Québec, P48,S1,P4322.

Une brigade exemplaire

Dans les années 1950, la brigade des pompiers volontaires de Rouyn compte une trentaine d'hommes. Elle a été établie sur une base permanente en 1927, par l'entreprenant Sabin Thibault qui en a été le chef pendant 41 ans. La brigade lutte contre les incendies, mais elle n'en reste pas là : en 1929, elle organise toutes sortes d'activités qui lui permettent d'acheter son premier camion et un uniforme pour chaque pompier ! Ceux-ci s'engagent dans le domaine socioculturel ou sportif, et ils participent à la construction d'une école et d'une église. Cet engagement caractérise la mentalité des pompiers volontaires.

Photo : Joseph-Hermann Bolduc, 1953, Le Centre de l'Abitibi-Témiscamingue et du Nord-du-Québec des Archives nationales du Québec, P228,P266.

En retraite fermée

En novembre 1920, des officiers francophones de la police de Montréal participent à une retraite fermée. Ils sont réunis, au terme de cet exercice de ressourcement spirituel et moral, autour des religieux qui les ont accompagnés dans cette démarche. La chose serait étonnante aujourd'hui, mais à l'époque la religion imprégnait les gestes et la vie des Canadiens français catholiques, même sur les plans professionnel et institutionnel. Nul doute que les pieuses exhortations des prédicateurs étaient adaptées aux besoins spécifiques d'un métier en contact fréquent avec des tranches de vie et des destins fort peu exemplaires.

Photo : Albert Dumas, 1920, Le Centre de Montréal des Archives nationales du Québec, P341,S4,P219.

La prière du pompier volontaire

À Saint-Tite tout comme ailleurs, être pompier volontaire signifie exercer deux métiers, donc rogner sur ses loisirs pour aider les autres. Les pompiers volontaires jouissent du même respect que leurs collègues permanents et leur famille vit les mêmes angoisses ; aussi la prière du pompier volontaire de Coleraine s'applique-t-elle à tous. « Il n'existe aucune sirène / Pour étouffer ta haine / Face à cette fumée noire / Qui te l'enlève souvent le soir / À son retour tu es éveillée / Mais lui est bien fatigué / Il n'a plus le temps de te parler / Car au matin il doit aller travailler / Comme tu as eu peur ».

Photo : auteur inconnu, vers 1915, Le Centre de la Mauricie et du Centre-du-Québec des Archives nationales du Québec, VI, IX-19.

Au service de la loi

Ce wagon du Canadien National sert de quartier général à la Police provinciale, dépêchée en Abitibi pour réprimer une grève en 1933. C'est la crise. Le salaire des bûcherons, qui était de 9 cents par billot avant 1929, est tombé si bas que 700 colons bûcherons font grève pour obtenir 3 ¹/₂ cents, soit environ 35 $ par mois. La grève est réprimée avec force, mais le gouvernement Taschereau devra instituer une commission d'enquête qui rapportera, entre autres abus troublants, que certains travailleurs devaient traîner les billots eux-mêmes : c'était moins cher que d'utiliser un cheval.

Photo : auteur inconnu, 1933-1934, Le Centre de l'Abitibi-Témiscamingue et du Nord-du-Québec des Archives nationales du Québec, P124,P464-5-48.

Entre saint Jean-Baptiste et saint Patrick

Parmi les policiers de la ville de Québec, la présence des Irlandais a été importante jusqu'au XXᵉ siècle. Ceux-ci sont arrivés nombreux au XIXᵉ siècle, et leur venue a porté le nombre d'anglophones à près de 40 % de la population de la ville. L'influence irlandaise a été forte dans la police et chez les pompiers. L'entente n'étant pas des meilleures avec les Canadiens français, il existait chez les sapeurs volontaires des compagnies composées uniquement d'Irlandais ou de francophones de façon à éviter les heurts.

Photo : Philippe Gingras, 1894, Le Centre de Québec des Archives nationales du Québec, P585,D3,P1.

On défile presque au pas

Pendant longtemps, policiers et pompiers ont partagé les mêmes locaux, voire les mêmes tâches, car les mêmes personnes occupaient souvent les deux fonctions. Aussi, rien d'étonnant à ce que leurs chefs aient formé l'Association des policiers et pompiers de la province de Québec pour réfléchir ensemble et partager leurs préoccupations. En 1941, leur congrès a lieu à Rouyn où ils défilent d'un bon pas, décidés à se faire ouvrir la ville. À leur trente-deuxième réunion, en 1964, ils sont environ 500, et c'est avec un juge, des ministres et une équipe d'universitaires qu'ils partagent leurs préoccupations.

Photo : auteur inconnu, 1941, Le Centre de l'Abitibi-Témiscamingue et du Nord-du-Québec des Archives nationales du Québec, P228,P245.

Eux aussi revendiquent parfois

Ce 14 avril 1975, les policiers de la Communauté urbaine de Montréal sont mécontents du déroulement des négociations concernant leur fonds de pension. Partant du centre Paul-Sauvé, ils marchent dans les rues de la ville pour sensibiliser la population à leurs réclamations. Feront-ils grève ? D'après le président de la Fraternité des policiers, Gilles Custeau, il faut tout prévoir. Les marcheurs retrouvent un sourire narquois en voyant deux collègues en service aux prises avec une voiture en panne.

Photo : Antoine Désilets, 1975, Le Centre de Montréal des Archives nationales du Québec, P348.

Un métier à risque

Les pompiers n'oublient pas leurs morts. À Québec, le monument du Mont-Thabor élevé à leur mémoire est situé dans le parc du même nom, dans l'arrondissement de Limoilou. C'est un lieu de commémoration où les pompiers viennent honorer leurs confrères disparus. Le site Internet des pompiers de la ville de Québec, sous la rubrique Je me souviens, *rappelle le nom des 26 hommes décédés en devoir entre 1883 et 1975.*

Photo : auteur inconnu, 1964, Archives de la Ville de Québec, n° 7519.

Un jour de grand deuil

Chez les pompiers comme chez les policiers, le sentiment d'appartenance est très développé. Dans son travail quotidien, chacun sait qu'il peut compter sur le soutien de ses coéquipiers. Il en est de même dans le malheur, la grande famille se presse autour des proches pour témoigner sa solidarité. Des représentations de divers corps de pompiers et de policiers viennent non seulement de la ville et du pays, mais aussi de l'étranger pour rendre hommage à un collègue tombé en devoir.

Photo: Claire Beaugrand-Champagne, 1976, Le Centre de Montréal des Archives nationales du Québec, P348.

Une récompense bien méritée

Shawinigan est un centre industriel important : hydroélectricité, aluminerie, pâtes et papiers, industries chimiques, manufacture de textiles. Pour assurer la sécurité des habitants et de toutes ces installations, la Ville recrute des constables, puis, en 1908, forme une brigade du feu qui compte 3 pompiers à plein temps et 19 jeunes volontaires. Reconnaissants du travail des pompiers, édiles et membres des corps de métiers réunis soulignent les dates importantes d'une carrière. Pour les 25 ans de service du chef des pompiers de Shawinigan, la récompense est une horloge grand-père.

Photo : auteur inconnu, date inconnue, Archives de la Ville de Québec, n° 2300.

Vingt-cinq ans plus tard

En 1951, le corps de pompiers volontaires de Rouyn fête ses 25 ans d'existence. La parade organisée pour l'occasion voit défiler les anciens, coiffés de casques de protection quelque peu désuets, tirant fièrement une pompe à incendie déjà utilisée en 1925. Après avoir été pompier volontaire à partir de 1927, Ambroise Brouillard devient le premier pompier permanent le 20 décembre 1936. À Rouyn, la mise en place d'une équipe permanente n'a pas empêché le volontariat de continuer à s'épanouir, bien au contraire; l'esprit de solidarité et le sens communautaire y conservent leur force d'origine.

Photo : Gérard Beauchemin, 1951, Le Centre de l'Abitibi-Témiscamingue et du Nord-du-Québec des Archives nationales du Québec, P117-5,P371.

Formation

Compétition et formation

Au début du siècle dernier, la compagnie de chemin de fer du Grand Tronc, dont les ateliers étaient situés à Pointe-Saint-Charles, avait sa propre brigade de pompiers. Afin de garder la forme, les sapeurs se livraient à des compétitions nécessitant l'utilisation de leur matériel. Ainsi, ils devaient courir en tirant le dévidoir à boyaux, exercice qui exigeait à la fois de la force et de la vitesse. Étant donné les faibles distances à parcourir pour se rendre sur les lieux d'un incendie, les équipes de pompiers des usines ne disposaient pas de véhicules hippomobiles.

Photo : auteur inconnu, 1907, Bibliothèque nationale du Québec, CP6556.

Serpent et échelle...

Les pompiers volontaires de Rouyn s'astreignent à des exercices réguliers pour être toujours en mesure d'intervenir de manière efficace. Ici, un homme atteint le sommet de l'échelle en retenant le boyau à incendie avec ses jambes. L'exercice est certes plus facile sans les bottes et l'imperméable qui gênent les mouvements, mais il demeure très exigeant. Comme dans le célèbre jeu pour enfants, le serpent peut provoquer la chute !

Photo : Joseph-Hermann Bolduc, vers 1942, Le Centre de l'Abitibi-Témiscamingue et du Nord-du-Québec des Archives nationales du Québec, P228,P257.

Un entraînement spectaculaire

Certains aspects de la formation et de l'entraînement des pompiers ont un caractère concret qui suscite la curiosité de la population. À Pierreville en juillet 1950, la Semaine de prévention des incendies est ponctuée d'activités diverses et rehaussée par la présence d'un porte-parole du Commissariat des incendies. C'est l'occasion pour la brigade locale de faire, devant un public attentif, une démonstration de l'efficacité du jet à brume en éteignant un feu allumé dans une bâtisse désaffectée ou construite en vue de l'exercice. Nul doute que ce genre de démonstration contribue aussi à sensibiliser la population.

Photo : Joseph Guibord, 1950, Le Centre de Montréal des Archives nationales du Québec, E6,S7,SS1,D50282.

Répétition générale

À première vue, ces pompiers semblent occupés à combattre un incendie sur l'un des bateaux amarrés aux quais du bassin Louise à Québec. En réalité, ils procèdent à un exercice qui vise autant à maintenir leur équipement en bon état de fonctionnement qu'à leur permettre de répéter les gestes qu'ils doivent exécuter sur les lieux d'un sinistre. L'utilisation des lances en bordure des plans d'eau cause moins d'inconvénients que si l'exercice se déroulait en plein centre-ville.

Photo : auteur inconnu, vers 1940, Archives de la Ville de Québec, n° 1919.

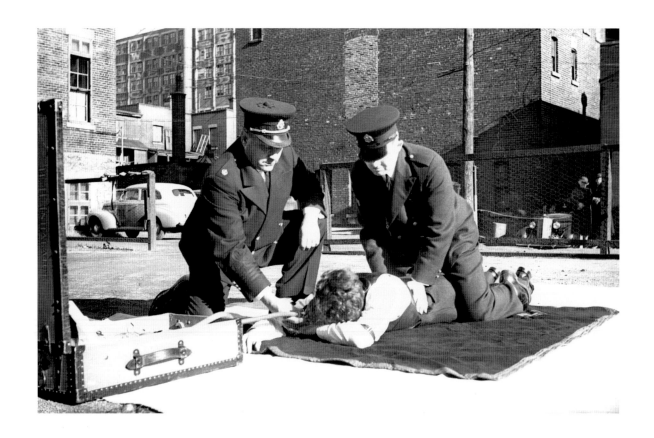

Premiers soins

Les pompiers doivent être capables de prodiguer les premiers soins aux victimes sur les lieux d'un incendie. L'asphyxie par la fumée nécessite une intervention très rapide pour rétablir les fonctions respiratoires. Dans cette simulation, deux pompiers démontrent la méthode à suivre dans un tel cas. En appliquant une pression dans le dos de la victime, on favorise l'évacuation de la fumée qui pourrait se trouver dans ses poumons. Quant à l'appareil inhalateur, il aide la personne à retrouver une respiration normale.

Photo : Conrad Poirier, 1940, Le Centre de Montréal des Archives nationales du Québec, P48,S1,P5312.

Entre ciel et terre

Cette image nous rappelle que les pompiers sont également des secouristes. C'est à eux qu'on fait appel lorsqu'il faut aller chercher quelqu'un dans un endroit difficilement accessible. On les voit plus souvent grimper, mais il arrive aussi qu'ils soient obligés de descendre le long d'une paroi verticale comme celle d'un ravin, par exemple. Même si ces interventions sont très rares, les jeunes pompiers de Montréal sont initiés à cette facette du métier.

Photo : Conrad Poirier, 1940, Le Centre de Montréal des Archives nationales du Québec, P48,S1,P5341.

Un atout inattendu

Dans la métropole, les autorités du Service de police ont senti l'intérêt d'encourager l'entraînement physique. Cet aspect du métier représente un atout pour le recrutement de nouveaux policiers et policières, et il constitue un attrait pour la profession. Les aspirantes semblent apprécier les leçons : la maîtrise technique de cette prise de judo qu'elles vont pratiquer à tour de rôle leur permettra peut-être d'intervenir efficacement et à moindre risque, même contre de plus costauds.

Photo : Conrad Poirier, 1947, Le Centre de Montréal des Archives nationales du Québec, P48,S1,P15086.

La leçon de gymnastique

Avant d'exercer leur métier, les policières sélectionnées lors d'un concours lancé par la police de Montréal en 1945 suivent diverses formations telles que le secourisme et l'endurance physique. Elles sont très bien encadrées par leurs instructeurs – environ un pour trois – qui semblent prendre leur rôle à cœur. Cet entraînement donné aux aspirantes conduit à penser qu'elles vont tôt ou tard prendre du service dans la rue, prêtes à courir après les malfaiteurs et en mesure de les maîtriser.

Photo : Conrad Poirier, 1947, Le Centre de Montréal des Archives nationales du Québec, P48,S1,P15084.

Visez la cible

Rendre les policiers plus compétents passe aussi par les exercices de tir. L'entraînement se fait dans des salles de tir qui, au fil des années, ont été améliorées. Elles sont maintenant aménagées de façon plus sécuritaire et conçues pour accueillir un nombre déterminé de policiers qui peuvent s'exercer sans risque. Les tireurs sont aussi protégés contre le bruit des détonations car ils portent tous, y compris le surveillant, un protecteur sur les oreilles. En 1926, les policiers de Québec utilisent des Colts 32 et, en 1935, ils sont armés de revolvers Harrington et Richardson de calibre 38.

Photo : auteur inconnu, 1968, Archives de la Ville de Québec, n° 8348.

Le souci de la formation

La croissance urbaine et le développement industriel font de la formation des policiers une nécessité incontournable. Les villes la prennent d'abord en charge. À Montréal, une école est fondée en 1923, rue Poupart; ailleurs, des chefs de police imposent l'entraînement militaire, la culture physique, des cours de premiers soins, etc. À Sherbrooke, on invite même des agents du FBI ou de la Royal Canadian Mounted Police pour offrir des formations spécialisées. Cette forme d'enseignement se poursuivra jusqu'à la création de l'Institut de police de Nicolet.

Photo: Jean Pratte, 1964, Le Centre de Montréal des Archives nationales du Québec, E6,S7,SS1,P642712.

Changement de vocation

En 1969, le Séminaire de Nicolet connaît une véritable mutation. Il devient l'Institut de police du Québec et accueille ses 69 premiers aspirants policiers. La première volée d'élèves qui se déploie sur les terrains de l'ancien séminaire est formée, comme le seront d'ailleurs les suivantes, de ressortissants de toute la province. En effet, l'Institut a été créé en 1968 par la Loi de police afin d'institutionnaliser la formation de tous les policiers québécois. Certains cégeps collaborent à cette tâche et offrent des cours en techniques policières.

Photo : Jules Rochon, 1969, Le Centre de Québec des Archives nationales du Québec, E10,D69-235,P14.

Une école de police

En 2000, l'Institut de police de Nicolet devient l'École nationale de police du Québec. La mission de cette école est d'offrir une formation de base en matière de patrouille-gendarmerie, d'enquête et de gestion policière, d'assurer le perfectionnement professionnel des policiers en poste, de développer la recherche orientée vers la formation policière et de favoriser l'échange d'expertise sur le plan international.

Photo : Jules Rochon, 1969, Le Centre de Québec des Archives nationales du Québec, E10,D69-155,P5.

Opération portes ouvertes

Ces deux apprentis pompiers écoutent avec beaucoup d'attention les explications que leur donne en personne le directeur du Service des incendies de la ville de Montréal sur le fonctionnement de cette autopompe de marque Bickle & Seagrave. La démonstration s'inscrit dans le contexte de la Semaine de prévention des incendies, ce qui explique la présence des autres spectateurs eux aussi très intéressés par les informations données par le patron des pompiers. L'autopompe est devenue l'arme principale de l'arsenal des sapeurs au milieu du XXe siècle.

Photo : Claude Décarie, 1946, Le Centre de Montréal des Archives nationales du Québec, E6,S7,SS1,D41340.

Pompier et plombier

Le pompier doit être aussi un peu plombier ! Ces nouvelles recrues s'exercent à raccorder les boyaux à la borne-fontaine. C'est une opération qui doit être exécutée rapidement. La longue clé sert à la fois à dévisser les bouches situées de chaque côté de la borne et à ouvrir la vanne pour faire jaillir l'eau. Chaque pompier dispose en outre d'une petite clé de serrage pour bien fixer les boyaux à la borne et ainsi éviter les fuites.

Photo : Conrad Poirier, 1940, Le Centre de Montréal des Archives nationales du Québec, P48,S1,P5337.

Le masque

Ce pompier ressemble à une créature extraterrestre avec son masque respiratoire ! Bien qu'il soit très différent des modèles utilisés aujourd'hui, cet appareil assure une protection efficace contre la fumée et les gaz nocifs qui se dégagent des foyers d'incendie. Relié à une bonbonne d'air comprimé, il permet aussi au sapeur de respirer sans danger. On raconte que les anciens pompiers se laissaient pousser la barbe à cette fin. Humectée d'eau, elle agissait comme un filtre contre la fumée. Plusieurs inventions un peu partout en Occident ont mené à la solution définitive de ce problème.

Photo : Conrad Poirier, 1940, Le Centre de Montréal des Archives nationales du Québec, P48,S1,P5302.

L'extincteur : mode d'emploi

C'est à un Noir américain, Thomas J. Martin, qu'on doit l'invention, en 1872, de l'extincteur, cet outil essentiel qu'on voit partout dans les édifices publics. Simple d'utilisation, l'appareil est conçu pour éteindre des incendies mineurs ou, à tout le moins, pour ralentir la progression des flammes dans les premières secondes d'un sinistre. Comme le démontre cet instructeur, il faut viser la base du feu et la balayer d'un mouvement horizontal. Cette démonstration se tient dans la cour d'une caserne de Montréal.

Photo : Conrad Poirier, 1940, Le Centre de Montréal des Archives nationales du Québec, P48,S1,P5343.

Un numéro de cirque?

Ces apprentis pompiers ne sont pas en train de répéter un numéro de cirque. Ils apprivoisent plutôt la sensation de vertige que doivent ressentir la plupart des candidats au métier. Différents types d'échelles sont utilisées par les sapeurs. Les échelles à crochets permettent d'agripper le rebord d'un toit ou la rampe d'un balcon, et elles sont stabilisées à l'aide de perches tendues. Le déploiement des échelles est une phase cruciale d'une opération d'extinction. Elles permettent de porter secours aux victimes et d'atteindre le toit pour y pratiquer des ouvertures afin d'assurer la ventilation.

Photo: Conrad Poirier, 1940, Le Centre de Montréal des Archives nationales du Québec, P48,S1,P5315.

Saut périlleux

L'évacuation d'un édifice en flammes exige parfois le recours à un filet de sauvetage, pareil à un trampoline, sur lequel les personnes peuvent sauter sans se blesser. Cet équipement aurait été utile lors de l'incendie tragique de l'hôtel Albert à Rouyn, en 1938, parce que les pompiers n'avaient pas d'échelle assez longue pour porter secours aux occupants des chambres situées à l'étage, qui avaient peur de se jeter dans le vide. Les sapeurs n'ont pas eu d'autre choix que de leur tendre les échelles à bout de bras pour leur permettre de descendre sans se rompre les os.

Photo : Conrad Poirier, 1940, Le Centre de Montréal des Archives nationales du Québec, P48,S1,P5339.

Retour en classe

L'entraînement physique et l'initiation à l'utilisation de l'équipement constituent les aspects fondamentaux de l'apprentissage des pompiers. Les candidats doivent également suivre une formation théorique qui a pris de plus en plus d'importance avec le temps. Avant que ne soit mis sur pied un programme de formation professionnelle, les cours aux aspirants étaient habituellement donnés par des pompiers d'expérience dans les casernes. Cette photo montre une salle de classe à l'intérieur du « poste à feu » nº 13 à Québec.

Photo : auteur inconnu, 1963, Archives de la Ville de Québec, nº 6023.

En cas de bombardement

Le 24 octobre 1940, les bombardiers allemands larguent depuis au-delà d'un mois une pluie de bombes incendiaires sur les villes anglaises. À elle seule, la cité de Londres en recevra plus de un million en deux mois. Allié de l'Angleterre, le Canada craint des représailles de la part de l'Allemagne nazie. C'est la raison pour laquelle les pompiers des villes comme Montréal sont formés pour être capables de réagir à une attaque. L'instructeur décrit ici les quatre types de bombes incendiaires qui pourraient être utilisées par les Allemands.

Photo : Conrad Poirier, 1940, Le Centre de Montréal des Archives nationales du Québec, P48,S1,P5336.

Pompiers en devoir

La gestion de l'émotion

Les pompiers ont pour mission première la protection des personnes et l'extinction des incendies. Ils n'hésitent pas à mettre leur vie en danger pour sauver celle d'autrui. Outre des qualités physiques, ce métier exige de prendre toujours les bonnes décisions et d'être psychologiquement très fort pour gérer ses émotions. Le pompier doit assister les familles éprouvées, manifester de la compassion, être courageux et apprendre à ne pas culpabiliser. Cet équilibre émotionnel si nécessaire se lit sur le visage de ce sapeur à la fois calme et résolu.

Photo : Conrad Poirier, 1947, Le Centre de Montréal des Archives nationales du Québec, P48,S1,P15149.

Trop de glace

Difficile en tout temps, le métier de pompier paraît encore plus éprouvant par grand froid. Le 22 décembre 1942, un incendie détruit plusieurs commerces et maisons sur la rue de l'Église, dans le quartier Saint-Roch à Québec, notamment le magasin de fourrures de P. A. Alain. Les lances d'incendie déversent des milliers de tonnes d'eau sur le brasier. Les rues avoisinantes deviennent impraticables et les pompiers, tout comme leur équipement, sont recouverts d'une épaisse gangue de glace qui entrave leurs mouvements. Reconnaissants et compatissants, les commerçants et citoyens d'alentour leur apportent collations et boissons chaudes.

Photo : auteur inconnu, 1942, Archives de la Ville de Québec, n° 1827.

Une alerte de niveau trois

Montréal, 5 avril 1937. Le sergent intérimaire Bleau sonne l'alarme à 10 h 52 pour alerter les pompiers du quartier afin qu'ils se rendent à la Merck Chemical Co. où un incendie vient de se déclarer. À 11 h 10, le sous-directeur de district, A. T. Ouimet, sonne une deuxième alarme pour appeler d'autres casernes à la rescousse. Devant l'ampleur des explosions et des flammes, le directeur C. Carson fait sonner la troisième alarme. Il est 11 h 39. Pas moins de 200 pompiers supplémentaires venant d'autres districts rejoignent leurs 200 confrères pour lutter jusqu'à l'épuisement, sans trop penser aux émanations nocives.

Photo : Conrad Poirier, 1937, Montréal, Le Centre de Montréal des Archives nationales du Québec, P48,S1,P1472.

Une perte totale

Explosions violentes, fumée épaisse et flammes intenses attendent les pompiers dans une des plus vieilles hôtelleries de Montréal en cette nuit du 27 mars 1938. L'hôtel Corona est entièrement détruit : toit écroulé, murs et plafonds effondrés, poutres d'acier tordues, bref, il n'en reste plus rien. Les 80 personnes qui se trouvaient sur place ont toutes échappé à la mort, mais plusieurs d'entre elles le doivent au courage des pompiers qui ont effectué plusieurs sauvetages avec l'aide des employés de l'hôtel. Grâce aux échelles, plusieurs occupants ont pu s'échapper par les fenêtres.

Photo : Conrad Poirier, 1938, Le Centre de Montréal des Archives nationales du Québec, P48,S1,P2747.

Pauvre ville de Québec !

Au XIXe siècle, les incendies ont pris à Québec des proportions souvent considérables, marquant la mémoire de la population et l'imaginaire des artistes. Le 14 octobre 1866, pas moins de 20 000 personnes des faubourgs Saint-Roch et Saint-Sauveur se retrouvent sans logis alors que l'hiver frappe à la porte. En raison du vent et du manque d'eau, les efforts des sapeurs sont réduits à néant. Le feu détruit 2 500 maisons, laissant derrière lui un paysage hallucinant de cheminées qui semblent autant de monuments funèbres.

Photo : William Augustus Leggo, 1866, Le Centre de Québec des Archives nationales du Québec, E6,S8,P408.

Encore faut-il de l'eau…

En 1885, le boulevard Langelier est élargi et aménagé pour servir d'espace coupe-feu entre Saint-Roch et Saint-Sauveur. De fait, ses deux voies séparées par un terre-plein planté d'arbres remplissent leur office lors de l'incendie du 19 juillet 1899, puisque le feu reste confiné à Saint-Roch. C'est ce quartier qui subit les dommages alors que, d'après le journal L'Événement, «ce petit commencement d'incendie aurait été facile à éteindre si l'eau n'eut fait défaut». Pourtant, les pompiers se sont dépensés sans compter, appuyés par un détachement de 70 hommes de l'Artillerie royale.

Photo : Philippe Gingras, 1899, Le Centre de Québec des Archives nationales du Québec, P585,D3,P8.

Des pompiers débordés

Un violent incendie ravage presque complètement le centre-ville de Farnham dans la nuit du 30 au 31 juillet 1911. La propagation très rapide des flammes force les pompiers de la ville à faire appel à leurs confrères de Montréal, Sherbrooke et Saint-Jean-d'Iberville. Les puissantes pompes à vapeur transportées sur les lieux et placées le long de la rivière Yamaska permettent de circonscrire l'élément destructeur à l'aube. Les dommages matériels sont très importants, ce qui incite la municipalité à se doter d'une pompe à vapeur peu après le sinistre.

Photo : P. Larochelle, 1911, collection privée Simon Beauregard.

La conflagration de Hull en 1900

Le mot «conflagration» s'applique aux incendies qui provoquent des désastres majeurs. C'est bien ce qui arrive à Hull le 26 avril 1900. La moitié de la ville va disparaître et, poussé par des vents violents, le feu va même franchir la rivière et ravager un cinquième de la ville d'Ottawa. C'est un miracle qu'il n'y ait que sept morts, mais «le grand feu» fait des milliers de sans-abri, suscitant des élans de charité à la mesure de la catastrophe. Et dire que tout ce malheur est parti d'une simple cheminée défectueuse !

Photo : auteur inconnu, 1900, Bibliothèque et Archives Canada, C-070746.

Incendie à l'École normale

Quand le feu se déclare à l'École normale de Ville-Marie au Témiscamingue en 1959, la petite ville a sa caserne de pompiers depuis belle lurette. Mais voilà, une explosion retentit vers 9 heures ce 29 mars, «imprévisible comme une trombe dans un ciel clair», transformant en brasier l'édifice qui abrite l'Institut familial. Heureusement, une partie de l'école, construite à l'épreuve du feu, résiste aux flammes. L'édifice est rapidement reconstruit et, avec la bonne volonté de tous — y compris de prisonniers appelés en renfort — les cours peuvent reprendre en septembre dans le nouveau bâtiment.

Photo : Euclide Blais, 1959, Le Centre de l'Abitibi-Témiscamingue et du Nord-du-Québec des Archives nationales du Québec, P13,P594.

Au péril de leur vie

Fondé par les Frères des Écoles chrétiennes en 1908, le collège de Saint-Raymond de Portneuf connaît deux incendies majeurs en 25 ans. Le dernier, survenu le 29 décembre 1933, le réduit en cendres. Il s'en faut de peu que l'incendie ne fasse des victimes. Lorsque les murs arrière et latéraux commencent à s'écrouler, les pompiers volontaires ont tout juste le temps de regagner le plancher des vaches. Ils auraient pu se retrouver au milieu du brasier. Le froid sibérien s'abattant alors sur le Québec ne facilite pas la tâche des sapeurs qui ne peuvent intervenir que 20 minutes après leur arrivée sur les lieux parce que les bornes-fontaines sont gelées.

Photo : Paul-Émile Duplain, 1933, Le Centre de Québec des Archives nationales du Québec, P322,S9,D2-2,P2.

Les pompiers arrivent…

Les pompiers doivent intervenir dès les premières minutes d'un incendie pour espérer être en mesure de le maîtriser. D'où la présence de plusieurs casernes dans les centres-villes. À Québec au milieu du XXᵉ siècle, la partie la plus ancienne de la ville est desservie par deux casernes, l'une au cœur du Vieux-Québec, au sous-sol de l'hôtel de ville, et l'autre dans la zone portuaire de la basse-ville, sur la rue Dalhousie. Elles servent aujourd'hui à des fins culturelles. Deux camions s'apprêtent à franchir la grille de l'entrée du Séminaire de Québec, situé à quelques mètres seulement de la caserne de l'hôtel de ville.

Photo : auteur inconnu, vers 1940, Musée de la civilisation, fonds du Séminaire de Québec, PH2000-8304.

La fascination du feu

Notre relation au feu est ambiguë. Il fait peur mais attire aussi par sa puissance, son pouvoir dévastateur, comme source de chaleur et de confort : «Fais du feu dans la cheminée...», dit la chanson. Sur les lieux d'un incendie, les badauds sont souvent nombreux et s'approchent autant qu'ils le peuvent. Le service d'ordre paraît sommaire : pas de cordon de sécurité visible ; les gens, y compris des enfants, se tiennent à proximité des sapeurs et des équipements, comme lors de ce sinistre survenu à Québec en 1945.

Photo : auteur inconnu, 1945, collection privée Jacques Saint-Pierre.

Des trésors à préserver

Dans le Vieux-Québec, plusieurs maisons ont subi des dommages par le feu au cours de leur histoire. Située au coin des rues Saint-Louis et des Jardins, la maison Jacquet est considérée comme la plus ancienne de ce quartier historique. Le carré initial a été construit dès la fin du XVIIe siècle et l'annexe à deux étages, où les pompiers sont en train d'intervenir, vers 1820. Bien que l'on ait trouvé des traces d'incendie dans la partie la plus ancienne, la structure du bâtiment a été conservée relativement intacte. Cependant, une menace permanente plane sur ces trésors du patrimoine immobilier québécois.

Photo : auteur inconnu, vers 1940, Archives de la Ville de Québec, n° 1952.

Le phénix renaîtra de ses cendres

Le 6 mai 1950, un fil électrique rompu par le vent a tôt fait d'embraser la cour à bois de la Cie Price Brothers, à Rimouski. Imaginez la pluie d'étincelles produite par 1,5 million de mètres cubes de bois entassé, que le vent déferlant projette de l'autre côté de la rivière Rimouski. Le tiers de la ville sera consumé au cours d'une « nuit rouge » où les pompiers ont énormément souffert. La reconstruction favorisera la modernisation de la ville. Les rues élargies seront adaptées à la circulation automobile, avec parfois de curieux rétrécissements imposés par des maisons rescapées du sinistre.

Photo : J.-Gérard Lacombe, 1950, Le Centre du Bas-Saint-Laurent et de la Gaspésie–Îles-de-la-Madeleine des Archives nationales du Québec, P24,S3,SS7,D13,P3.

Incendie mortel à Rouyn

Même si l'on s'attend plutôt à des incendies de forêt dans cette région du Québec, les plus vieux citoyens de Rouyn se souviennent encore de la nuit du 11 novembre 1938 qui a vu la destruction de l'hôtel Albert. Survenu vers 3 h 30, le sinistre qui fera sept victimes surprend les clients dans leur sommeil. Appuyés par de nombreux volontaires, les pompiers combattent courageusement les flammes qui, malgré tous leurs efforts, détruisent deux hôtels, un garage et deux commerces voisins.

Photo : auteur inconnu, 1938, Le Centre de l'Abitibi-Témiscamingue et du Nord-du-Québec des Archives nationales du Québec, P34,P1794.

L'hôtel infernal

L'incendie de l'hôtel Grand Central à Sherbrooke a été l'un des plus tragiques dans l'histoire de cette ville. Le feu s'est déclaré dans les cuisines de l'établissement de la rue Wellington et aurait pu se propager aux immeubles voisins, n'eût été du travail acharné des pompiers de la ville durant une douzaine d'heures. Trois morts et douze blessés parmi les clients et les employés de l'hôtel, tel sera le décompte final des victimes de ce triste événement.

Photo : auteur inconnu, 1937, Le Centre de l'Estrie des Archives nationales du Québec, E53.

Il n'y a pas de fumée sans feu

Les cheminées en mauvais état constituent un danger et sont source d'inquiétude ; il vaut mieux ne pas attendre qu'elles s'effondrent, comme ici. D'après un rapport de la Brigade du feu de Québec, il se produit quelque 300 feux de cheminée par an et les 7 118 inspections effectuées en 1931 ont révélé que 1 871 cheminées n'étaient pas conformes. Pour détecter une cheminée défectueuse, coiffez-en le faîte avec des couvertures mouillées puis faites du feu : la fumée s'échappe par les fissures qu'il faut colmater pour que les étincelles ne se propagent pas vers les toits avoisinants.

Photo : Jacques Darche, 1968, Le Centre de l'Estrie des Archives nationales du Québec, P5.

Des fêtes assombries

Les incendies mortels constituent toujours un drame pour les proches des victimes. Cependant, le deuil est encore plus difficile à supporter quand il survient en des moments de réjouissances comme le temps des fêtes. À Saint-Raymond de Portneuf, la famille Paquet est frappée par le destin le 2 janvier 1954. Les trois jeunes enfants d'Emmanuel Paquet échappent de justesse au brasier, mais ses parents ont moins de chance. Ils succombent à leurs blessures quelques jours après leur transport à l'hôpital. Les secouristes sortent ici de la maison la mère du propriétaire des lieux, victime d'asphyxie.

Photo : Paul-Émile Duplain, 1954, Le Centre de Québec des Archives nationales du Québec, P322,S9,D2-8,P6.

Brume et fumée

Les incendies dans les cours à bois de sciage et dans les usines de pâtes et papiers sont fréquents. Ici, c'est à Limoilou, un quartier de Québec, mais Hull, Rimouski, Cabano et bien d'autres municipalités ont sur leur territoire de ces industries au potentiel de dangerosité extrême. Le bois de pulpe, par exemple, peut être enflammé par la moindre étincelle. Le danger est permanent, et il est même arrivé que les expertises révèlent l'existence de phénomènes de combustion spontanée.

Photo : auteur inconnu, date inconnue, Archives de la Ville de Québec, n° 1831.

Grain, matière inflammable

Au même titre que les entrepôts de matières dangereuses ou les usines de produits chimiques, les meuneries présentent des risques très élevés d'incendie. De fait, un grand nombre de celles qui ont été construites au Québec à compter des années 1940 ont été la proie des flammes à un moment ou l'autre de leur histoire. Certaines ont même connu plusieurs sinistres. La meunerie montrée ici est la propriété d'un commerçant de Saint-Raymond de Portneuf.

Photo : Paul-Émile Duplain, 1958, Le Centre de Québec des Archives nationales du Québec, P322,S9,D2-10,P2.

Combat pour un symbole

Le 14 janvier 1926, un incendie éclate dans la partie la plus ancienne du Château Frontenac. L'hôtel de prestige inauguré en 1893 a connu au fil des ans plusieurs agrandissements, le dernier avant l'incendie étant l'érection de la tour centrale des frères Maxwell. Les pompiers de Québec se battent sans relâche et parviennent à empêcher les flammes d'endommager les ailes les plus récentes, mais les parties anciennes sont détruites. Le Château Frontenac a été édifié sur l'emplacement du Château Saint-Louis, lui-même détruit par les flammes le 23 janvier 1834, soit 92 ans plus tôt.

Photo : Jules-Ernest Livernois, 1926, Le Centre de Québec des Archives nationales du Québec, P560,S2,D117652,P1.

L'hôtel de ville en ruines

Du «palais municipal», surnom donné à l'hôtel de ville de Montréal à l'époque, il ne reste que l'enveloppe de murs de pierre et les escaliers extérieurs après le spectaculaire incendie du 3 mars 1922. L'édifice, de style Second Empire comme les hôtels de ville de New York et de Philadelphie, a été inauguré en 1878 au terme d'une construction qui a duré six ans. Trois pompiers sont grièvement blessés au cours de la lutte contre le feu qui, en plus du bâtiment, détruit de nombreux documents historiques.

Photo : auteur inconnu, 1922, Bibliothèque nationale du Québec, CP5631.

Il faut évacuer la fumée

Les pompiers combattent les flammes avec de l'eau, mais ils s'attaquent aussi à la fumée qui, en s'accumulant dans la partie supérieure des bâtiments sous forme de gaz chauds, favorise la propagation de la chaleur. C'est la raison pour laquelle on pratique des ouvertures dans le toit de cette résidence de Saint-Raymond de Portneuf qui abrite un commerce au rez-de-chaussée. L'un des sapeurs utilise une gaffe pour arracher le recouvrement. La fumée, qui est composée notamment de monoxyde de carbone, est aussi très toxique.

Photo : Paul-Émile Duplain, 1952, Le Centre de Québec des Archives nationales du Québec, P322,S9,D2-12,P1.

« Je veux sortir de l'immeuble ! »

« ...Les pompiers arrivent... je n'ai pas le temps de vous parler... je veux sortir de l'immeuble ! ». Le journaliste de La Presse aurait aimé en savoir plus, mais la téléphoniste commençait à paniquer : un des incendies majeurs de l'année 1942 éclate ce 8 janvier vers 15 h 50, par un froid de -25 °C, au magasin de meubles Fraser Bros, rue Saint-Jacques à Montréal. Les pompiers d'au moins 20 casernes seront mobilisés pendant plus de 20 heures, utilisant jusqu'à 30 lances d'incendie. Un somptueux rideau de glace ornera la façade pendant plusieurs jours. La cause du sinistre : la négligence d'un fumeur.

Photo : Conrad Poirier, 1942, Le Centre de Montréal des Archives nationales du Québec, P48,S1,P7967.

Lieux de travail
et équipement des pompiers

La vie de château

La première véritable caserne de pompiers de Montréal est construite en 1863 au coin des rues Craig – actuellement Saint-Antoine – et Chenneville. Au même moment, les volontaires chargés de l'extinction des incendies sont remplacés par une brigade de pompiers permanents. Quatre autres casernes sont bâties en 1871 d'après des plans de l'architecte John James Browne. La façade néogothique du bâtiment, flanquée d'une tour à boyaux de forme octogonale crénelée à son sommet, lui confère l'allure d'un petit château médiéval. En plus du service des incendies, il abrite le poste de police et deux logements pour les responsables de chacun de ces services.

Photo : H. E. Archambault, vers 1900, Le Centre de Québec des Archives nationales du Québec, P1000,S4,D23,P2.

La grande échelle

*La multiplication des édifices en hauteur vers la fin du XIX*e *siècle pose un défi de taille aux pompiers qui doivent pouvoir secourir les personnes en détresse et accéder aux foyers d'incendie. Alors que le service des incendies de la métropole expérimente différents modèles de grandes échelles, le chef des sapeurs de Québec, Philippe Dorval, fabrique lui-même la première qui sera utilisée dans cette ville. Il est devenu chef pompier à l'âge de 45 ans, en 1877, et il le demeure jusqu'en 1906. La photo montre la station de feu n° 7 située dans le quartier Saint-Sauveur dans la basse-ville.*

Photo : Philippe Gingras, 1896, Le Centre de Québec des Archives nationales du Québec, P585,D3,P3.

Quand les pompiers devaient pomper

À l'origine, le terme «pompiers» désigne les fabricants de pompes. Au XIXe siècle, le sens s'étend à ceux qui sont employés à la manœuvre des premières pompes à bras mises au point pour éteindre les incendies. Celle qu'on voit ici montée sur une voiture hippomobile a été en usage à Yamachiche. On l'actionnait en basculant le levier en forme d'échelle incurvée. Le gros boyau servait à aspirer l'eau, et le plus petit à éteindre les flammes. Le pompage exigeait un effort soutenu de plusieurs hommes pour maintenir une pression suffisante.

Photo: Ernest Lavigne, 1941, Le Centre de Québec des Archives nationales du Québec, E6,S7,P432.

La pompe à vapeur

Fonctionnant au charbon, les pompes à incendie à vapeur permettent de débiter l'eau sous haute pression. Elles améliorent de façon importante l'arsenal des pompiers. Les premiers modèles en usage au Québec sont fabriqués par la compagnie britannique Merryweather et importés en 1873. On en trouve d'abord uniquement dans les villes de Québec, Montréal et Sherbrooke, mais des municipalités de moindre importance se dotent de cet équipement par la suite. C'est le cas de Rivière-du-Loup où la nouvelle pompe s'ajoute aux voitures à boyaux et à échelles déjà en usage.

Photo : auteur inconnu, 1902, collection privée Richard Michaud.

La borne-fontaine

Les bornes-fontaines font partie du paysage urbain depuis au-delà d'un siècle. Les premiers réseaux d'aqueduc sont aménagés pour assurer l'approvisionnement en eau potable de la population, mais également pour faciliter la lutte contre les incendies. À Québec, l'aqueduc municipal est l'objet de sévères critiques à l'origine. On raconte même que les charretiers continuent d'accourir sur les lieux des incendies pour offrir aux pompiers leur barrique d'eau toujours pleine. L'aqueduc devient cependant assez vite un service essentiel, et les belles fontaines rouges en bordure des trottoirs font depuis ce temps la joie des chiens !

Photo : Ernest Lavigne, 1944, Le Centre de Québec des Archives nationales du Québec, E6,S7,P20817.

Des citoyens rassurés

La première pompe à incendie de la ville de Rouyn a été livrée en septembre 1926, à la grande satisfaction des pompiers… et des citoyens. Montée sur deux roues, la petite pompe portative semble dérisoire, mais elle était alors le principal équipement de la brigade des incendies qui disposait uniquement de quelques dizaines de mètres de boyaux, de haches et de seaux. Dans les rues de la ville desservies par l'aqueduc, la pompe était raccordée au réseau municipal qui ne comportait pas encore de bornes-fontaines.

Photo : auteur inconnu, 1927, Le Centre de l'Abitibi-Témiscamingue et du Nord-du-Québec des Archives nationales du Québec, P117-5,P142.

On n'achète pas les chevaux

Conscientes de leurs responsabilités en matière de protection contre les incendies, les petites villes hésitent néanmoins à se lancer dans les dépenses qui entraînent une hausse des taxes ou une cotisation spéciale. À Thetford Mines, les conseillers procèdent par étapes en achetant une pompe et des boyaux en 1895, et en construisant le poste des pompiers uniquement l'année suivante. On réalise une économie sur le prix des chevaux : on compte sur l'empressement des pompiers volontaires à se rendre chercher l'équipement en utilisant leur propre attelage.

Photo : auteur inconnu, 1911, Musée de la civilisation, fonds du Séminaire de Québec, PH2000-8791.

Des chevaux bien dressés

La première brigade de pompiers volontaires de Sherbrooke est formée en 1873. Quatre ans plus tard, une caserne est construite sur la rue Marquette et deux autres s'ajouteront avant la fin du siècle. Une douzaine de chevaux sont utilisés pour tirer les différentes voitures. On dit que ces nobles bêtes sont capables de réagir à la sonnerie d'une alarme d'incendie et qu'elles vont d'elles-mêmes se placer sous les harnais qui restent attachés en permanence aux voitures et accrochés au plafond de la caserne. En 10 secondes, les pompiers sont prêts à se mettre en route.

Photo : auteur inconnu, vers 1910, Le Centre de l'Estrie des Archives nationales du Québec, E53.

Alerte dans la capitale !

Le tocsin retentissant du clocher des églises est longtemps le seul moyen de sonner l'alarme en cas d'incendie. À Québec, un système de télégraphe électrique est mis en service en 1867. On déclenche l'alarme en cassant la vitre des boîtes placées aux intersections des principales artères et en abaissant un levier qui actionne un dispositif relié à une cloche. La séquence des sons indique aux opérateurs du central le numéro de la boîte d'où provient l'alerte. Il devient donc possible de dépêcher les pompiers sur les lieux du sinistre beaucoup plus rapidement.

Photo : Jules-Ernest Livernois, 1902, Le Centre de Québec des Archives nationales du Québec, P560,S2,P87130.

Au son de la cloche

Outre leur couleur rouge, les véhicules prioritaires sont équipés pour émettre un signal sonore afin qu'on leur cède le passage. Avant la généralisation des sirènes, les pompiers actionnaient une simple cloche installée sur leur camion. À l'époque, cela suffisait à attirer l'attention des autres usagers de la voie publique. Même dans une ville comme Montréal, la circulation était beaucoup moins dense qu'aujourd'hui et les gens étaient habitués à réagir au son des cloches qui appelaient les enfants à l'école, les familles à l'église, etc. Dans le tintamarre quotidien de nos grandes villes, un véhicule prioritaire réclamant le passage à l'aide d'une cloche passerait complètement inaperçu…

Photo : Conrad Poirier, 1947, Le Centre de Montréal des Archives nationales du Québec, P48,S1,P15306.

Un phare au village

C'est en 1918 que le conseil municipal de Pont-Rouge fait bâtir une tour pour faire sécher les boyaux d'arrosage et abriter la voiture hippomobile acquise l'année précédente pour les transporter sur les lieux des incendies. Tel un phare sur une mer parsemée d'écueils, cette impressionnante construction de bois se révèle une présence rassurante pour les villageois. Elle dominera le paysage environnant jusqu'à sa démolition en 1949.

Photo : Ernest Lavigne, 1944, Le Centre de Québec des Archives nationales du Québec, E6,S7,P19148.

L'hôtel de ville de Howick

Située au sud-ouest de Montréal près de la frontière américaine, la petite localité de Howick compte en 1942 un peu moins de 500 résidents, à majorité anglophones. L'hôtel de ville (town hall) est aménagé à l'étage du poste d'incendie avec sa tour à boyaux caractéristique. D'allure très sobre, l'édifice public témoigne cependant d'une certaine aisance des contribuables car la majorité des communautés rurales québécoises sont dépourvues d'édifices municipaux à cette époque. La municipalité du village de Howick a été constituée en 1915.

Photo : Ernest Lavigne, 1944, Le Centre de Québec des Archives nationales du Québec, E6,S7,P19042.

Des pèlerins en sécurité

La basilique de Sainte-Anne-de-Beaupré est complètement rasée dans un incendie d'origine électrique, le 29 mars 1922. Heureusement, on ne déplore aucune perte de vie. À cette époque, les pompiers volontaires de cette vénérable paroisse de la Côte-de-Beaupré ne sont pas équipés pour faire face à un feu d'une telle ampleur. Les deux bornes-fontaines de l'aqueduc municipal n'étant pas suffisantes, les pompiers de Québec, appelés en renfort, doivent pomper l'eau du fleuve. Une petite caserne est construite quelques années plus tard en arrière de l'hôtel Saint-Laurent, l'un des nombreux gîtes fréquentés par les pèlerins, pour prévenir une autre catastrophe.

Photo : Ernest Lavigne, 1944, Le Centre de Québec des Archives nationales du Québec, E6,S7,P19103.

Puiser l'eau à la Chaudière

Il a fallu une conflagration, en juillet 1926, pour convaincre la population de Sainte-Marie de Beauce de la nécessité d'avoir un service municipal de protection contre les incendies. Sous la direction du sacristain de la paroisse, la première brigade de pompiers volontaires disposait de moyens limités. Ainsi, l'eau était puisée directement à la rivière Chaudière. Des voies d'accès permettaient d'y descendre les pompes et des prises d'eau étaient maintenues à l'air libre dans la couche de glace en hiver. L'achat d'un premier camion de type autopompe, au début des années 1940, contribue à améliorer sensiblement le service.

Photo : Ernest Lavigne, 1944, Le Centre de Québec des Archives nationales du Québec, E6,S7,P19165.

Une première canadienne

Au début des années 1930, les boyaux à incendie étaient vendus habituellement en longueurs de 50 pieds, ou 15 mètres, qu'on raccordait entre elles ou au système d'aqueduc au moyen de pièces d'accouplement métalliques. En 1934, la Loi de prévention des incendies du Québec est modifiée pour imposer un type uniforme de pièces d'accouplement dans toute la province. C'est une première au Canada. Auparavant, les pompiers n'étaient jamais certains de pouvoir utiliser leur équipement quand ils devaient intervenir dans une municipalité voisine. Dans une région isolée comme Charlevoix-Est, par exemple, où le service des incendies de La Malbaie, chef-lieu du district, pouvait être appelé dans une dizaine de municipalités, dont plusieurs disposaient d'un service d'aqueduc, la mesure garantissait le raccordement au système local.

Photo : Ernest Lavigne, 1944, Le Centre de Québec des Archives nationales du Québec, E6,S7,P19048.

Un château d'eau à Verchères

La municipalité de Verchères possède l'un des rares moulins à vent conservés au Québec. À la fin de la Seconde Guerre mondiale, elle comptait une autre curiosité, soit un château d'eau que l'on voit ici au moment de sa construction en 1944. Plusieurs milliers de châteaux d'eau ont été construits le long des voies ferrées pour alimenter les locomotives à vapeur, mais très peu ont été conçus à des fins de protection contre les incendies.

Photo : Ernest Lavigne, 1944, Le Centre de Québec des Archives nationales du Québec, E6,S7,P19194.

Plus rapide que l'escalier

Deux sapeurs-pompiers de la caserne n° 27 du quartier Côte-des-Neiges, à Montréal, glissent le long du poteau de descente qui relie au garage leurs quartiers d'habitation situés au-dessus. Dans les secteurs à forte densité de population, il y a toujours des pompiers en faction dans les casernes. Ces équipes dorment et prennent leurs repas sur place comme à l'époque où les pompiers étaient aussi des militaires. À la moindre alerte, ils se précipitent vers leurs camions. Les deux hommes sur la photo semblent cependant peu pressés : dans leurs beaux uniformes, ils se prêtent au jeu pour le photographe.

Photo : Conrad Poirier, 1947, Le Centre de Montréal des Archives nationales du Québec, P48,S1,P15168.

Tenue de combat

De nombreux perfectionnements sont apportés à la tenue de travail des sapeurs-pompiers au fil des années. Véritable symbole de ce corps de métier, le casque métallique à large rebord et à palette dirigée vers l'arrière, afin d'éviter que l'eau ne coule dans le cou, est en usage depuis le début du XXᵉ siècle, du moins dans les grandes villes. Quant au second attribut du pompier, l'imperméable, il est aussi recouvert d'une couche isolante d'amiante ou d'un autre matériau ignifuge. Pour des raisons de sécurité, la couleur foncée en usage dans les débuts a maintenant fait place à des couleurs plus voyantes.

Photo : Conrad Poirier, 1938, Le Centre de Montréal des Archives nationales du Québec, P48,S1,P2725.

Scène bucolique

De 1912 à 1945, c'est un peu plus de 300 municipalités qui ont bénéficié d'une aide financière du gouvernement québécois, totalisant 2,2 millions de dollars, pour se doter d'un service de protection contre les incendies. Ces subventions leur ont permis d'acquérir 106 pompes d'un débit de 420 gallons à la minute, 245 pompes de 150 gallons à la minute et 163 pompes de type forestier, plus de 250 000 mètres de boyaux de 4 cm et près de 10 000 mètres de boyaux de 6,75 cm. Cette photographie prise à Saint-Esprit de Montcalm par le commissaire aux incendies aurait pu illustrer un catalogue de manufacturier d'équipement, tant la scène est bucolique.

Photo : Ernest Lavigne, 1944, Le Centre de Québec des Archives nationales du Québec, E6,S7,P19130.

Une auto de pompier

Plusieurs municipalités disposent d'un équipement rudimentaire pour combattre les incendies au début des années 1940. À Sainte-Marie-Salomé, dans le comté de Montcalm, par exemple, la pompe et les boyaux d'arrosage sont transportés dans une simple remorque attachée à une automobile. Cela permet néanmoins d'acheminer le matériel sur les lieux du sinistre beaucoup plus rapidement qu'à l'époque des chevaux et d'étendre ainsi davantage le rayon d'action des pompiers volontaires. Un argument solide pour faire taire les détracteurs de l'engin diabolique popularisé par Henry Ford, qui soulève la poussière et effraie les chevaux !

Photo : Ernest Lavigne, 1941, Le Centre de Québec des Archives nationales du Québec, E6,S7,P3454.

Du dévidoir au camion à boyaux

Les boyaux à incendie ont d'abord été enroulés sur un dévidoir en forme de fuseau monté sur une paire de roues et tiré par des chevaux. On en est venu cependant à les transporter pliés à l'arrière de véhicules plus longs. Comme l'illustre cette photo de l'équipement du village de Saint-Hilaire, la pompe a d'abord été tractée. Au Québec, le camion autopompe s'est imposé dans les années 1940.

Photo : Ernest Lavigne, 1944, Le Centre de Québec des Archives nationales du Québec, E6,S7,P19144.

Sorti des usines Thibault

La renommée de la firme Pierre Thibault de Pierreville n'est plus à faire. En effet, depuis les années 1930, cette entreprise distribue de l'équipement de protection contre les incendies au Québec et au Canada. Après avoir commencé par la fabrication de pompes, Pierre Thibault s'est lancé avec ses neuf fils dans l'assemblage de camions à incendie. Au début des années 1950, toutes les pièces pouvaient être fabriquées sur place, à l'exception du moteur et du châssis. La brigade de Saint-Basile de Portneuf pose ici fièrement devant son nouveau camion Thibault.

Photo : Paul-Émile Duplain, 1953, Le Centre de Québec des Archives nationales du Québec, P322,S9,D2-5,P1.

Policiers auxiliaires
de la justice

Des pompiers auxiliaires de police

En juin 1934, un conflit de travail éclate à la mine de Noranda. C'est la grève des fros, ainsi nommée parce que la majorité des mineurs est constituée d'immigrants d'Europe centrale (foreigners). Pour l'anecdote, signalons que le mouvement a été réprimé en dix jours sans aucun gain pour les grévistes. Cette crise marque le début d'une pratique qui durera jusqu'en 1946, par laquelle les pompiers de Rouyn prêtaient serment pour agir comme policiers auxiliaires et participaient au maintien de l'ordre lors d'événements spéciaux.

Photo : Joseph-Hermann Bolduc, 1934, Le Centre de l'Abitibi-Témiscamingue et du Nord-du-Québec des Archives nationales du Québec, P124,P370-1-12.

Un aller-retour pénible

Le palais de justice et la prison de Ville-Marie forment un seul bâtiment dont la construction est terminée à la fin de 1932. En décembre 1933, la Police provinciale réprime la grève des bûcherons et procède à l'arrestation de 77 personnes. Les détenus sont transférés par le « Balanka », l'avion qui sert à transporter les prisonniers, de la prison de Rouyn à celle de Ville-Marie pour y subir leur procès, le premier à se tenir dans les nouveaux locaux. Le retour sera dur car 64 d'entre eux seront remis en liberté mais devront rentrer chez eux à pied par un froid intense.

Photo : auteur inconnu, 1933, Le Centre de l'Abitibi-Témiscamingue et du Nord-du-Québec des Archives nationales du Québec, P75,P1.

Jeu interdit

Avec la prostitution, l'alcool et le jeu sont les principales causes du désordre dans la région de l'Abitibi durant les années 1930. La vie est très pénible pour les mineurs et les bûcherons qui cherchent à tromper l'ennui avec ces plaisirs illicites. Il ne faut donc pas s'étonner si c'est à Rouyn que l'on a établi le premier poste de la Police provinciale à l'extérieur de Montréal et de Québec. La photo montre une saisie de machines à sous dans cette région au milieu des années 1930.

Photo : auteur inconnu, vers 1935, Le Centre de l'Abitibi-Témiscamingue et du Nord-du-Québec des Archives nationales du Québec, P75,P3.

La police des liqueurs

Établie en 1921, la police des liqueurs est chargée d'enrayer la contrebande et la fabrication clandestine d'alcool. Elle est très active dans les régions périphériques de la province, où l'ivrognerie est souvent la principale cause de désordre. À Rouyn, les bureaux des agents de cette escouade spéciale et les cellules de la prison sont logés dans des cabanes en bois rond semblables aux schacks *habités par les valeureux pionniers de l'Abitibi.*

Photo : Hubert Vavassour, 1926, Le Centre de l'Abitibi-Témiscamingue et du Nord-du-Québec des Archives nationales du Québec, P123-1,P183.

Transport gratuit

Le fourgon cellulaire est toujours prêt. Lors des rafles nocturnes, il amène au poste de police les personnes suspectes, petits truands, prostituées, trafiquants d'alcool. Le jour, le «panier à salade» transporte les prévenus au palais de justice, à la prison ou sur les lieux de leurs crimes. Dans cette région frontalière soudée à la capitale canadienne, la ville de Hull, dans les années 1930, a une réputation de «petit Chicago». Le policier Tom Larabie qu'on voit ici arrête beaucoup d'étrangers, attirés notamment par le laxisme qu'affichent les francophones à l'égard de l'alcool. En 1933, sur 1 828 arrestations, seulement 19,6 % concernent des Hullois.

Photo : auteur inconnu, 1933, Le Centre de l'Outaouais des Archives nationales du Québec, P45,S1,D153.

Les empreintes digitales

Le prélèvement d'une empreinte latente rendue visible à l'aide de poudre dactyloscopique est l'une des techniques qui permettent aux enquêteurs d'identifier l'auteur d'un crime. On utilise pour ce faire de la roche volcanique broyée qui est appliquée à l'aide d'un pinceau sur toute surface susceptible d'avoir été touchée par le suspect. Ce policier de la Sûreté du Québec se livre à cette opération délicate sur une arme de chasse dans une affaire de meurtre commis à Sainte-Rose de Poularies, en Abitibi.

Photo : auteur inconnu, 1976, collection Sûreté du Québec, fonds *Allô Police*, SQ n° 126, DSC-0048.

Hors des sentiers battus

Avant même l'organisation d'une escouade spécialisée, au début des années 1970 à Montréal et en 1975 à Québec, la Sûreté du Québec avait recours à des policiers amateurs de plongée pour mener des opérations de récupération de corps de personnes noyées ou assassinées, pour repêcher des biens volés ou simplement des indices pouvant mener au dénouement d'une enquête. Sous l'œil attentif de trois confrères policiers, ce plongeur s'apprête à scruter les eaux froides de la rivière Mastigouche à Saint-Charles-de-Mandeville, au printemps de 1964.

Photo : auteur inconnu, 1964, collection Sûreté du Québec, fonds *Allô Police*, SQ n° 369, D012.

Le métier d'enquêteur

Les enquêteurs de la Sûreté du Québec ont affaire à toutes sortes de crimes ignobles dans le cas de crimes contre la personne. Sur des scènes où se trouvent des enfants, le travail est toujours plus pénible. La recherche d'indices devient un élément crucial pour rassembler le plus d'éléments de preuve possible afin de permettre la mise en accusation d'un suspect. Dans ce cas-ci, trois enquêteurs travaillent sur un cas d'infanticide commis à Buckingham, dans l'Outaouais.

Photo : auteur inconnu, date inconnue, collection Sûreté du Québec, fonds *Allô Police*, SQ n° 254, C015.

Pièce à conviction

En plus d'interroger les témoins du crime, les enquêteurs recueillent des pièces à conviction qui serviront à étayer la preuve contre l'accusé au moment du procès. Ce caporal de la Sûreté du Québec exhibe une carabine de calibre 22 et une photo des lieux du crime dans la cause d'une femme de Les Saules, près de Québec, accusée du meurtre de son mari dans la cuisine du domicile familial. Après 1960, la prise de photos sur les scènes de crime par les experts de la police devient systématique.

Photo : auteur inconnu, 1967, collection Sûreté du Québec, fonds *Allô Police*, SQ n° 500, D143.

La loi du cadenas

Adoptée sous le gouvernement Duplessis en 1937, la loi du cadenas autorise la police à condamner tout local où se réunissent des communistes et à saisir les documents compromettants tels que des journaux russes ou les exemplaires de La Clarté, journal communiste publié à Montréal. Cette littérature de propagande est rassemblée au palais de justice où elle est ensuite analysée. La chasse aux sorcières bat son plein.

Photo : Conrad Poirier, 1938, Le Centre de Montréal des Archives nationales du Québec, P48,S1,P2676.

La nuit tous les chats sont gris

Propice aux méfaits, la nuit l'est aussi aux arrestations. Les sergents détectives Maurice Décarie et Bill Robinson la mettent à profit pour interroger un suspect aux abords du World Café, à Montréal. Ils dépensent beaucoup d'énergie à pourchasser les truands. En effet, la classe politique s'inquiète au début des années cinquante car le vice et la corruption règnent en maîtres dans la métropole. La pègre s'est installée pendant la prohibition américaine, en vigueur jusqu'en 1933, et un grand ménage semble s'imposer. Jean Drapeau fera campagne sur ce thème lors de la course à la mairie de 1954.

Photo : Louis Jacques, 1952, Bibliothèque et Archives du Canada, PA-114780.

L'échangeur à terre

Le 8 juillet 1971, La Tribune de Sherbrooke rapporte l'effondrement, survenu la veille, de l'échangeur de circulation de la rue King Ouest, dont l'achèvement était prévu pour... ce 8 juillet ! La moitié de la construction s'est effondrée, entraînant dans sa chute une vingtaine d'ouvriers. Coincé par son pantalon, un autre est resté sur un pilier où il a sagement attendu les secours. Policiers et pompiers de Sherbrooke se sont précipités sur les lieux où ils ont aidé à dégager les blessés. Même si tous s'émerveillent que personne n'ait été tué ou gravement blessé, une enquête sera tenue pour établir les causes de la catastrophe.

Photo : Jacques Darche, 1971, Le Centre de l'Estrie des Archives nationales du Québec, P5.

Chasse aux braconniers

Le braconnage a été, et reste encore, une plaie dans plusieurs régions du Québec. La chasse de nuit au cervidé au moyen d'une source lumineuse qui éblouit et paralyse la bête à portée de tir des chasseurs était l'une des infractions les plus fréquentes à la loi. Cette technique ancienne était connue sous le nom de « chasse au jack ». Ces deux agents exhibent les fusils et les lampes de poche confisqués à des chasseurs pris en flagrant délit de braconnage, en 1965.

Photo : Paul Girard, 1965, Le Centre de Montréal des Archives nationales du Québec, E6,S7,SS1,D652017.

Chasse à l'homme dans Portneuf

À la suite d'un vol commis à la succursale de la Banque Canadienne Nationale de Saint-Marc-des-Carrières au début de juin 1955, une vaste chasse à l'homme s'engage sur les routes de Saint-Léonard, de Port-Maurice et de Saint-Raymond de Portneuf. Le déploiement policier est impressionnant : 15 voitures et 50 hommes provenant de la région ou dépêchés du quartier général de la Police provinciale. Après avoir erré dans les bois pendant cinq jours, le dernier des trois malfaiteurs en cavale finit par se livrer, victime de l'épuisement, de la faim et des moustiques !

Photo : Paul-Émile Duplain, 1955, Le Centre de Québec des Archives nationales du Québec, P322,S3,D20-11,P5.

Tristement célèbre

Le 9 septembre 1949, un DC-3 de la Canadian Pacific Airlines en route vers Baie-Comeau et Sept-Îles s'écrase à Sault-au-Cochon, près de Petite-Rivière-Saint-François, entraînant dans la mort ses 23 passagers et membres d'équipage. Cette catastrophe est tristement célèbre dans l'histoire du Québec car l'enquête de la Sûreté provinciale a démontré qu'il s'agissait d'un acte criminel. En effet, les experts du Laboratoire de médecine légale et de police technique du Québec ont décelé des traces d'explosif dans les débris de l'appareil. La police a pu relier le crime à J.-Albert Guay, bijoutier de Québec. C'était le premier attentat contre un avion commercial dans le monde.

Photo : Photo Moderne, 1949, collection privée Yves Beauregard.

Les lieux du crime

C'est dans ce bureau que le bijoutier Généreux Ruest a fabriqué le mécanisme d'horlogerie de la bombe qui a provoqué l'explosion en plein vol du DC-3 dans lequel était montée l'épouse d'Albert Guay. Épris d'une autre femme, ce dernier voulait refaire sa vie. Généreux Ruest et sa sœur Marguerite Ruest-Pitre, qui était allée déposer le colis contenant la bombe à l'aéroport de L'Ancienne-Lorette, ont suivi le principal accusé sur l'échafaud. Sitôt rejetée la thèse de l'accident, l'enquête a été menée par la Sûreté provinciale du Québec qui a présenté 93 pièces à conviction et 82 témoins au procès.

Photo : auteur inconnu, 1949, Le Centre de Québec des Archives nationales du Québec, E17,D28070,P2.

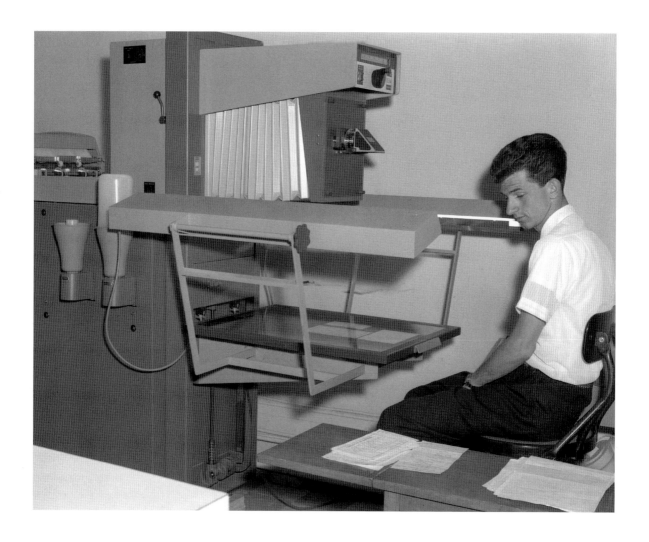

Identifier les criminels

La découverte de l'individualité des empreintes digitales a facilité grandement le travail des policiers au cours du dernier siècle. Au Québec, le service d'identité judiciaire de la Police provinciale a été mis sur pied par le docteur Rosario Fontaine en 1926. Les progrès décisifs dans la constitution des casiers judiciaires sont cependant survenus après 1960 avec la mise sur microfilms des dossiers des criminels – photographies, empreintes, description physique, renseignements personnels, condamnations, etc. – et leur informatisation ultérieure. Créé en 1974, le Centre de renseignement policier de la Sûreté du Québec est une base de données accessible à tous les corps policiers.

Photo : Claude Gosselin, 1962, Le Centre de Montréal des Archives nationales du Québec, E6,S7,SS1,D621354.

L'Incorruptible de Montréal

À Montréal au lendemain de la guerre, la mafia contrôle le jeu, la prostitution, les courses et les débits d'alcool clandestins. Pour lutter contre elle, la police engage Mᵉ Pacifique Plante, dit Pax Plante, dénonciateur acharné du crime organisé. En 1949-1950, sa série d'articles publiés dans Le Devoir en collaboration avec Gérard Pelletier ébranle le Tout-Montréal. L'Elliott Ness montréalais et le jeune avocat Jean Drapeau, futur maire, arrachent la tenue d'une enquête sur la moralité publique, confiée au juge François Caron. Elle dure quatre ans et finit en queue de poisson.

Photo : auteur inconnu, 1954, Section des archives de la Ville de Montréal, VM94/Z-541-10.

Un coup fumant

Montréal, 30 mars 1976. Deux millions huit cent mille dollars en petites coupures, telle est la recette d'un hold-up perpétré contre un camion de la Brink's, rue Saint-Jacques. L'expert en balistique Jean-Guy Laferrière examine la mitrailleuse installée dans la camionnette utilisée par les voleurs : elle n'a pas servi, il n'y a eu ni morts ni blessés. Impressionné, l'inspecteur Jean-Claude Rondou déclare en conférence de presse : « C'est un coup bien planifié et les bandits capables d'une telle perfection ne sont pas nombreux ».

Photo : Paul Taillefer, 1976, Bibliothèque et Archives Canada, PA-129849.

Ganté de noir, le juge Wilfrid Lazure annonce trois pendaisons

Un cortège impressionnant auquel participent la fanfare des pompiers de Montréal, des représentants des corps de police du Canada ainsi que le maire Camillien Houde accompagne les cercueils de Nelson Paquin et Paul-Émile Duranleau, deux agents morts en devoir le 23 septembre 1948. Ils ont été abattus lors d'un hold-up dans une succursale de la Banque Canadienne Nationale. La population vivement émue défile pendant trois jours pour leur rendre un dernier hommage. Les criminels sont vite arrêtés et, dans l'espace de 14 mois, ils sont tous trois jugés et exécutés à la prison de Bordeaux.

Photo : Paul Boucher, 1948, Le Centre de Montréal des Archives nationales du Québec, E6,S7,SS1,D46242.

Assises criminelles

Rimouski, 23 mars 1954. Les assises criminelles s'ouvrent dans le nouveau palais de justice. Au rôle, neuf causes dont cinq font suite à des enquêtes du constable Gérard Tobin de la Sûreté provinciale : tentative de viol sur une fillette par un « quêteux » hébergé par ses parents, incendies criminels, vol par une servante, détournement de fonds, etc. La plupart des affaires mènent à des condamnations. La nouvelle salle d'audience n'est pas parfaite : le président du tribunal a dû autoriser la première accusée à s'asseoir près de son avocat afin qu'elle puisse entendre les propos qui s'échangeaient à son sujet !

Photo : J.-Gérard Lacombe, 1954, Le Centre du Bas-Saint-Laurent et de la Gaspésie–Îles-de-la-Madeleine des Archives nationales du Québec, P24,S3,SS7,D226,P1.

L'affaire Coffin

Le 10 février 1956, le Gaspésien Wilbert Coffin est exécuté à la prison de Bordeaux pour le meurtre de trois chasseurs américains. Cette affaire suscite une vive controverse à l'époque. Les policiers provinciaux n'ayant jamais trouvé de preuve directe, la condamnation est basée seulement sur des preuves circonstancielles. Huit ans après la mort de Coffin, la commission d'enquête chargée de faire toute la lumière sur le procès confirmera la procédure et le verdict. L'affaire Coffin aura néanmoins fourni des arguments aux partisans de l'abolition de la peine de mort.

Photo : auteur inconnu, Bibliothèque et Archives Canada, PA-166908.

Policiers gardiens de l'ordre public

Pas une sinécure !

Être agent de circulation à Québec vers 1930 n'est pas une situation de tout repos. Dans une lettre qu'il fait parvenir au maire en 1932, le chef Émile Trudel dénonce le surcroît de travail imposé aux constables par manque d'effectif. Il écrit : « Ainsi, l'homme qui se tient au coin des rues Saint-Jean et du Palais pour le trafic est aussi obligé de maintenir l'ordre, faire des rapports sur l'état des trottoirs, etc., sur une partie du quartier du Palais appelée les Remparts, la rue de la Fabrique, etc. »

Photo : Thaddée Lebel, 1929, Archives de la Ville de Québec, n° 17666.

Sur les routes du Québec

La circulation sur les routes du Québec demeure limitée au début des années 1930, alors que la Belle Province compte un peu plus de 100 000 automobilistes. Les agents responsables de l'application du code de la route, qui patrouillent en motocyclette, dépendent à cette époque du ministère de la Voirie. Il n'est pas rare qu'ils aient à intercepter des conducteurs circulant sans plaques d'immatriculation sur leur véhicule, ni permis de conduire. Ce motard s'appelle J.-Léger Crochetière et il est affecté à la région de Nicolet.

Photo : auteur inconnu, vers 1934, collection Sûreté du Québec, ASQ-77-B.

Route dangereuse

Le 10 juillet 1953, un jeune homme de Saint-Marc-des-Carrières perd la vie lorsque sa voiture plonge dans les eaux du Saint-Laurent à l'intersection de la route de Saint-Marc et de la route nationale. Selon le journaliste qui rapporte la nouvelle dans L'Écho de Portneuf, cette section est très dangereuse à cause de l'angle de la pente. La récupération de la carcasse de la voiture attire une foule de curieux. Elle permettra aux policiers provinciaux de compléter leur enquête en vérifiant si la chute fatale a été causée par un bris mécanique ou par une fausse manœuvre du conducteur.

Photo : Paul-Émile Duplain, 1953, Le Centre de Québec des Archives nationales du Québec, P322,S9,D1-2,P1.

Automobile contre cheval

Le 6 novembre 1954, à l'entrée ouest de la ville de Rimouski, un cultivateur de Notre-Dame-du-Sacré-Cœur est sérieusement blessé quand une automobile heurte sa voiture à traction animale sur le boulevard Nazareth. La victime allait faire moudre son grain. Dans les régions rurales, les automobilistes ont partagé la route avec les voitures à chevaux jusque vers 1960. Les agents mesurent la distance de freinage pour avoir une idée de la vitesse de l'automobile, mais on peut penser que le conducteur a vu à la dernière minute l'autre véhicule circulant sur une route peu éclairée après le coucher du soleil.

Photo : J.-Gérard Lacombe, 1954, Le Centre du Bas-Saint-Laurent et de la Gaspésie–Îles-de-la-Madeleine des Archives nationales du Québec, P24,S3,SS7,D304,P2.

Excès de vitesse ?

Au début des années 1930, l'Abitibi compte à peine 700 automobiles et les accidents de la circulation sont peu fréquents. Les statistiques provinciales révèlent que la négligence des conducteurs est la cause de la plupart des collisions ou pertes de contrôle. Toutefois, 20 % des accidents sont attribuables à un excès de vitesse. Sur les routes de campagne, la limite est alors de 50 km/h et il faut ralentir à 25 km en croisant un autre véhicule. Les contrevenants au code de la route étaient passibles de sanctions sévères. La conduite en état d'ébriété, par exemple, était punie d'une amende de 100 à 300 dollars, somme considérable à l'époque.

Photo : auteur inconnu, 1930, Le Centre de l'Abitibi-Témiscamingue et du Nord-du-Québec des Archives nationales du Québec, P75,P5.

Signalisation bilingue demandée

À la fin des années 1960, la question linguistique suscite de très vifs débats au Québec. Les nationalistes réclament des mesures pour que la langue française occupe plus de place alors que les anglophones demeurent attachés au bilinguisme. Ce capotage survenu en septembre 1969 aux limites de Stanstead fournit des arguments à ceux qui réclament une signalisation bilingue. Le conducteur de la voiture, un résident de Portland, Maine, exécute une fausse manœuvre après s'être engagé dans un cul-de-sac. Il avait bien vu le panneau, mais sans comprendre sa signification. Heureusement, il y a eu plus de peur que de mal.

Photo : Jacques Darche, 1969, Le Centre de l'Estrie des Archives nationales du Québec, P5.

Faire *le trafic*

Dans un texte publié dans les années 1940, la Revue des Agents de Police de Montréal *décrit le travail ingrat du policier affecté à la circulation : «Il doit se poser des yeux tout le tour de la tête, gesticuler avec énergie [...] pour permettre aux voitures de circuler [...] danser pour ne pas rouler sous les véhicules. Faites cet exercice sous une pluie torrentielle une couple d'heures, vous sympathiserez avec le policier au lieu de tempêter contre lui.»*

Photo : auteur inconnu, 1960, Ville de Montréal, VM94/Z-1531-22.

Une infraction bien ordinaire

Les billets de contravention pour stationnement interdit sont la hantise de l'automobiliste normalement constitué. Dans les années 1940, les délivrer fait partie de la tâche des policiers. Certains l'accomplissent sans enthousiasme, conscients que ce n'est pas le moyen idéal d'obtenir l'affection du public. Policier à Sherbrooke, Gérard Bessette avoue qu'après six mois de ce travail il avait toujours le même carnet de billets : « Je fais mon ouvrage de façon différente… Quand quelqu'un vient faire une livraison, j'y aide à faire la circulation. Quand même j'y donnerais un billet, y'a pas de place dans la rue ».

Photo : Jacques Darche, vers 1964, Le Centre de l'Estrie des Archives nationales du Québec, P5.

La patrouille à pied

Les patrouilles à pied apparaissent au moment où se créent des unités de protection. Pendant longtemps, les policiers ont fait leur travail à pied, et pour certains, cela continue. Cette police de proximité qui effectue une surveillance discrète et voit à maintenir la paix publique constitue une présence rassurante. Elle peut également fraterniser avec la population comme ce constable qui n'hésite pas à échanger quelques mots et à partager une boisson avec un groupe de pique-niqueurs à l'île Sainte-Hélène.

Photo : Conrad Poirier, 1937, Le Centre de Montréal des Archives nationales du Québec, P48,S1,P1924.

On se sent tout petit

Quel plaisir pour les touristes et les Montréalais de croiser au cours de leurs promenades l'un ou l'autre de ces policiers sur leurs splendides montures ! Ils ont si fière allure qu'ils sont fréquemment pris en photo. Toutefois, ils ne sont pas seulement décoratifs. En réalité, leur présence contribue à maintenir une atmosphère paisible et un sentiment de sécurité car la puissance, la rapidité et la grande mobilité des chevaux est de nature à impressionner ceux qui seraient tentés de faire un mauvais coup.

Photo : auteur inconnu, vers 1960, Le Centre de Montréal des Archives nationales du Québec, P405,S11,P321.

Policiers contre grévistes

En août 1937, une grève paralyse les usines de la Dominion Textile dans la métropole. À la demande de la direction de l'entreprise, la police de Montréal intervient pour ramener l'ordre. À l'usine de Mont-Royal, située chemin de la Côte-Saint-Paul, policiers et grévistes en viennent aux coups. Les piqueteurs n'apprécient pas que les constables escortent des briseurs de grève à l'intérieur de la filature et les leaders ouvriers dénoncent vigoureusement ce comportement antisyndical. Rappelons que, dans le Québec des années 1930, les syndicats suscitent la méfiance, non seulement des patrons, mais aussi des pouvoirs publics.

Photo : Conrad Poirier, 1937, Le Centre de Montréal des Archives nationales du Québec, P48,S1,P1511.

Une révolution pas si tranquille

Le Québec s'est acquis une notoriété internationale à l'occasion de la révolution dite tranquille qui a caractérisé son évolution socio-économique et culturelle au cours des années 1960. D'une façon générale, les changements profonds qui ont marqué cette période se sont effectués dans une atmosphère plutôt sereine. Malgré tout, entre 1965 et 1975, les Québécois assistent souvent à un spectacle depuis lors devenu familier : celui de manifestants rassemblés en masse pour appuyer leurs revendications, bloquant les rues ou même les abords du parlement, entourés d'un cordon serré de policiers prêts à toute éventualité, comme lors de cette manifestation de la FTQ.

Photo : auteur inconnu, 1975, Le Centre de Québec des Archives nationales du Québec, E10,D75-197,P12.

Descente de police à la Casa d'Italia

Nous sommes le 11 juin 1940. Hier, Mussolini a déclaré la guerre aux Alliés, entraînant l'Italie du côté de l'Allemagne hitlérienne. Aussitôt, la Police provinciale est chargée de fermer la Casa d'Italia, dans le nord de Montréal. La descente donne lieu à un rassemblement de personnes venues conspuer ces nouveaux ennemis de notre pays en guerre. Des centaines d'Italiens sont arrêtés ; après un bref passage au quartier général de la Police provinciale, ils seront amenés par autobus dans un camp d'internement.

Photo : *The Gazette*, Montréal, 11 juin 1940, Bibliothèque et Archives Canada, PA-161458.

Le Red Light

Le Red Light n'est plus ce qu'il était. Au temps de la prohibition, et jusqu'au milieu des années 1950, ce district de Montréal est connu partout en Amérique comme le lieu de tous les plaisirs. Clubs de nuit, maisons de jeu et tripots de toutes sortes y font florès. Perçue comme un mal nécessaire dans une ville portuaire où les marins cherchent naturellement à rattraper le temps perdu en mer, la prostitution s'y étale à forte dose : la police a la réputation d'être indulgente à l'égard du racolage et des maisons accueillantes comme la plus célèbre d'entre elles, le « 312 Ontario ».

Photo : auteur inconnu, 1947, Bibliothèque et Archives Canada, PA-130734.

Les pieds dans l'eau

La police intervient régulièrement lorsqu'un incident provoque un problème de circulation. La présence d'un policier pour régler le trafic à l'angle des rues Peel et Sainte-Catherine est la bienvenue. L'eau bouillonnante semble jaillir d'un trottoir. Elle envahit la chaussée, gênant les piétons qui pataugent dans plusieurs centimètres d'eau, et commence à pénétrer dans un commerce proche. L'incident se passe le 30 décembre 1937 et le froid ne facilite pas les choses. À l'origine : la rupture d'une conduite d'eau, situation que l'on connaît bien même de nos jours.

Photo : Conrad Poirier, 1937, Le Centre de Montréal des Archives nationales du Québec, P48,S1,P1594.

Saint-Jean-Vianney

Il y a des circonstances où le policier est impuissant devant le malheur qui afflige un individu, une famille ou l'ensemble d'une communauté. C'est ce qui s'est produit lors du tragique glissement de terrain de Saint-Jean-Vianney qui a fait 31 morts dans la soirée du 4 mai 1971. Après le drame, la police assure une surveillance permanente des voies d'accès à la zone sinistrée pour empêcher les curieux et les pilleurs de s'y aventurer. Ce n'est que trois semaines plus tard que les survivants seront autorisés à retourner sur les lieux afin de récupérer les maigres biens qui ont échappé au désastre.

Photo : Jules Rochon, 1971, Le Centre de Québec des Archives nationales du Québec, E10,D71-103,P2A.

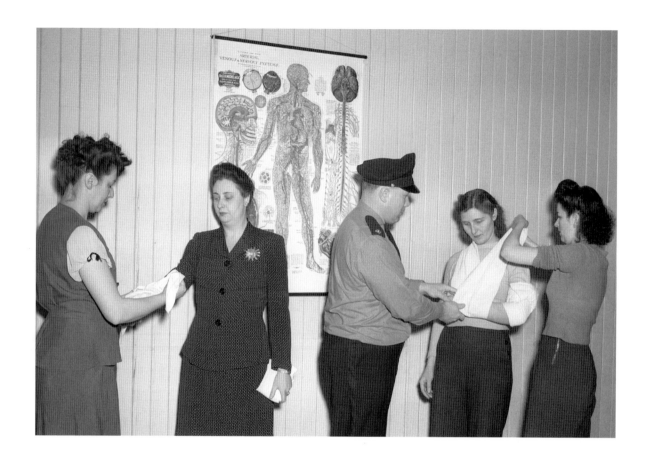

Secrétaires en uniforme ?

Ces policières de Montréal reçoivent une formation vraisemblablement donnée par l'Association de l'Ambulance Saint-Jean qui a des antennes dans plusieurs villes de la province. L'Association a pour mission d'enseigner le secourisme, le transport des blessés et les soins de santé en milieu familial. Affectées par Pacifique Plante à l'escouade du bien-être de la jeunesse, ces femmes, en dépit de leurs connaissances, n'arriveront pas à exercer des fonctions correspondant à leur formation. Dans les années 1950 et 1960, elles deviennent de plus en plus de simples secrétaires en uniforme.

Photo : Conrad Poirier, 1947, Le Centre de Montréal des Archives nationales du Québec, P48,S1,P15087.

Changement de cap

L'arrivée au pouvoir du Parti libéral de Jean Lesage en 1960 entraîne des réformes importantes dans tous les domaines. À la Sûreté provinciale du Québec, Josaphat Brunet, officier supérieur retraité de la Gendarmerie royale du Canada, est nommé directeur général. Il reçoit la mission de réformer le service de police et prend sa tâche à cœur : certains policiers sont déplacés, voire congédiés, d'autres prennent leur retraite. Les postes libérés seront comblés par des recrues pour lesquelles une formation spécifique est créée. La photo montre Josaphat Brunet à pied d'œuvre. Il restera cinq ans à la tête de la SPQ.

Photo : Gabor Szilasi, 1961, Le Centre de Montréal des Archives nationales du Québec, E6,S7,SS1,D610324.

Lieux de travail
et équipement des policiers

Police de quartier

Le poste de police n° 3 de la ville de Québec est situé près du marché Jacques-Cartier, dans la partie commerciale du quartier Saint-Roch. À l'époque où les constables patrouillent les rues de la ville à pied, les postes de quartier se multiplient en réponse aux demandes des citoyens. On en compte 17 à Québec en 1930. Leur nombre décline par la suite jusqu'au regroupement de l'ensemble des policiers à la nouvelle centrale du parc Victoria, en 1966.

Photo : Philippe Gingras, vers 1895, Le Centre de Québec des Archives nationales du Québec, P585,D3,P2.

Les forces de l'ordre dans le West Island

Ce n'est pas nécessairement dans les secteurs où la criminalité est la plus élevée qu'on trouve la plus forte concentration de policiers. C'est plutôt en fonction des moyens des municipalités. Par exemple, en 1940, dans la ville ouvrière de Hull, qu'on compare au Chicago du temps d'Al Capone, il n'y a qu'un policier par 1 000 habitants, alors que l'on en dénombre le double dans la ville cossue de Westmount. De son modeste bureau, Harry Hunter dirige le corps policier de Montréal-Ouest, autre secteur résidentiel de prédilection de la bourgeoisie montréalaise.

Photo : Conrad Poirier, 1938, Le Centre de Montréal des Archives nationales du Québec, P48,S1,P3125.

Rassemblement à Baie-Saint-Paul

La vie des spotters de la Sûreté provinciale dans les régions rurales n'est guère plus facile que celle de leurs confrères des zones urbanisées. Les distances à couvrir sont plus importantes et le mauvais état des routes, dont plusieurs ne sont pas encore pavées, provoque assez souvent des embardées. En certaines circonstances spéciales, comme lors de ce congrès eucharistique régional tenu à Baie-Saint-Paul en 1941, les agents délaissent cependant leur motocyclette et se contentent de diriger la circulation.

Photo : Raymond Audet, 1941, Le Centre de Québec des Archives nationales du Québec, E6,S7,P924.

Jeune gendarme en région

C'est en Abitibi, plus précisément à Noranda et à Bourlamaque, que sont établis les premiers postes de la Sûreté provinciale en dehors de Québec et de Montréal. D'autres sont ouverts par la suite un peu partout en province dans les chefs-lieux des districts judiciaires. C'est le cas du poste d'Amos auquel est rattaché ce jeune gendarme. L'environnement très dépouillé de son bureau reflète les conditions rudimentaires de travail des policiers provinciaux qui sont affectés en région à cette époque.

Photo : 1948, collection Sûreté du Québec, Fonds Maurice Baril.

Les spotters *du Bout-de-l'Île*

Les premiers agents de la police de la route à la Sûreté provinciale sont assimilés à des spotters, *ces militaires chargés de faire le guet à partir d'un endroit stratégique, parce qu'ils se cachent pour prendre plus facilement en défaut les conducteurs qui enfreignent le code de la route. En fait, ces pionniers travaillent dans des conditions difficiles car le territoire qu'ils ont à couvrir est habituellement très vaste et il n'y a pas de poste de police en province. Ces deux policiers ont au moins l'avantage d'être affectés à un poste permanent localisé près du pont Le Gardeur de Repentigny.*

Photo : Antonio-Bédard Taillon, 1942, Le Centre de Québec des Archives nationales du Québec, E6,S7,P2751.

Au poste

L'île de Montréal est ceinturée de huit postes de la police routière situés à l'entrée des ponts ou aux carrefours des grandes voies d'accès à la ville. Ces postes ressemblent davantage à des haltes routières qu'à des centrales de police. Si les larges baies vitrées permettent d'observer en tout temps le flot de la circulation, l'aménagement intérieur témoigne du fait que le poste n'est pas le principal lieu de travail du patrouilleur. C'est sur sa moto ou au volant de son auto-patrouille qu'il passe la plus grande partie de son temps.

Photo : Office provincial de publicité, vers 1960, Le Centre de Montréal des Archives nationales du Québec, P405,S11,P324.

Un engin pétaradant

Cette brigade de motards, en 1939, a fière allure et on l'entend venir de loin. L'utilisation des motocyclettes par la police commence à des dates différentes selon les villes, mais le départ en est donné dans les années 1920. Une « escouade » comptant un seul membre (!) est créée à Sherbrooke en 1921 ; à Québec, le service de police équipe deux constables en 1925 et deux autres dix ans plus tard. Ces hommes remplissaient aussi le rôle de chauffeur et s'occupaient de l'entretien de leur véhicule.

Photo : Conrad Poirier, 1939, Le Centre de Montréal des Archives nationales du Québec, P48,S1,P4227.

La voiture-radio

Dès son introduction dans les années 1930, la voiture-radio de police a transformé le travail des policiers. Avisés rapidement d'une situation qui requiert leur présence, les policiers peuvent, dans un temps très court, se rendre auprès de victimes, intervenir à l'occasion d'un accident ou prendre place sur la scène d'un crime. Inévitablement, leur tâche s'en trouve alourdie car cette facilité d'action suscite davantage de demandes d'assistance. Une intervention rapide augmente aussi les possibilités d'arrestations, et il arrive que la voiture-radio ramène au poste des suspects et autres trublions de l'ordre public.

Photo : Jacques Desjardins, 1946, Le Centre de Montréal des Archives nationales du Québec, E6,S7,SS1,D41360.

L'auto-patrouille

Les premières autos-patrouilles de la Sûreté provinciale sont acquises en 1945 pour faire face à l'augmentation du trafic sur les routes du Québec. L'automobile en vient ainsi à remplacer la bonne vieille motocyclette qui fut longtemps le symbole et l'unique outil de travail des spotters, et ce, en toute saison. Au début des années 1960, le corps policier provincial compte au-delà de 1 500 personnes et de 500 voitures. La photo a été prise dans une rue de Saint-Raymond de Portneuf, mais les policiers sont probablement du poste régional de Pont-Rouge.

Photo : Paul-Émile Duplain, 1955, Le Centre de Québec des Archives nationales du Québec, P322,S3,D1-11,P6.

Le transport par camion

Le 1ᵉʳ juillet 1940, une ordonnance de la Régie des transports et communications du Québec établit les dimensions et le poids maximum des véhicules de commerce et de livraison. Cette réglementation intervient au moment où le camion prend peu à peu la relève du train pour le transport des marchandises en province. La pesée des véhicules est effectuée à des postes de contrôle comme celui de Saint-Romuald, près du pont de Québec. Assumée d'abord par les policiers de la Sûreté provinciale, cette responsabilité sera ensuite confiée à des contrôleurs routiers.

Photo : Blaise Marchand, 1942, Le Centre de Québec des Archives nationales du Québec, E6,S7,P11512.

Pour appeler à l'aide

Des bornes d'appel au secours sont présentes çà et là dans le paysage urbain. Elles fonctionnent différemment selon qu'elles déclenchent une alarme ou qu'elles sont munies d'un système de liaison téléphonique. Certaines amènent l'intervention des pompiers, d'autres sont à l'usage exclusif des policiers à qui elles permettent d'entrer en contact avec le poste dont ils dépendent. La jeune femme sur la photo appelle au secours à partir d'une borne qui semble accessible au public. L'appareil est fixé à une sorte de lampadaire tronqué, assez haut pour que les enfants terribles ne puissent s'amuser à déclencher de fausses alarmes.

Photo : Claude Décarie, 1946, Le Centre de Montréal des Archives nationales du Québec, E6,S7,SS1,D41343.

Améliorations techniques

L'évolution phénoménale des communications au XXᵉ siècle transforme radicalement le travail des policiers. Les boîtes de rue qui permettaient aux patrouilleurs à pied de se rapporter par un signal sont vite remplacées par des voitures équipées pour recevoir des messages. Encore faut-il que le policier quitte son véhicule, déniche un téléphone public et une pièce de 5 cents pour communiquer avec le poste. Mais bientôt un système à «triple voix» permet au policier du poste de joindre ses collègues en patrouille ; à ceux-ci de lui répondre depuis leur véhicule, et même aux différentes voitures de communiquer entre elles.

Photo : Office provincial de publicité, vers 1960, Le Centre de Montréal des Archives nationales du Québec, P405,S11,P323.

Central téléphonique

L'équipement de radiocommunication des forces policières se raffine beaucoup après 1950. À Québec, par exemple, les deux opérateurs radio du central téléphonique de l'hôtel de ville disposent d'un nouveau tableau de contrôle lumineux des véhicules de patrouille. Au début des années 1960 s'ajoute un autre tableau de contrôle des systèmes d'alarme des principaux établissements commerciaux et bancaires de la ville. Les opérateurs travaillent toutefois dans des locaux exigus jusqu'au déménagement, en 1965, dans les quartiers généraux du parc Victoria où l'on a prévu une salle de télécommunications des plus fonctionnelles.

Photo : auteur inconnu, 1964, Archives de la Ville de Québec, n° 5958.

On n'arrête pas le progrès

Nous sommes en 1969 et l'auto-patrouille est dotée d'une pièce d'équipement que les films policiers ont rendue célèbre : le gyrophare. Le tournoiement de sa lumière éblouissante signale l'arrivée d'un véhicule d'intervention auquel il faut céder le passage, à moins qu'il n'intime à un conducteur fautif l'ordre de s'arrêter. La fonction de policier patrouilleur change aussi : si les aspirants policiers doivent toujours être en bonne condition physique, leur formation devient de plus en plus pointue. Une fois leur formation de base complétée, certains auront accès, en stage de perfectionnement, à de l'équipement technique complexe qu'ils devront apprendre à manipuler — radar, alcootest, etc.

Photo : Jules Rochon, 1969, Le Centre de Québec des Archives nationales du Québec, E10,D69-233,P35.

Services ambulanciers

En 1958, un service ambulancier d'urgence gratuit est établi par le service de police de Montréal, et plusieurs municipalités des environs emboîtent le pas à la métropole après 1960. Dans la région de Québec, quelques villes de la banlieue se dotent aussi d'un tel service et, lors du regroupement de leurs forces policières avec celles de la capitale à la fin des années 1960, les constables affectés aux ambulances poursuivent leur tâche au sein du corps de police de Québec. Ce service sera abandonné dans les années 1980.

Photo : auteur inconnu, 1972, Archives de la Ville de Québec, n° 15617.

Le fourgon de la morgue

Les coroners procèdent à une enquête lors de tout décès survenu dans des circonstances violentes ou obscures. Le corps des victimes est transporté à la morgue où une autopsie peut être pratiquée pour préciser les circonstances de la mort. Dans le cas d'un meurtre, l'expertise médico-légale peut apporter des renseignements précieux aux détectives chargés de l'enquête. Dans le cas présent, il s'agit de la dépouille d'un automobiliste dont la voiture a été réduite à un tas de ferraille par un train à un passage à niveau de Saint-Pierre, près de Montréal.

Photo : Conrad Poirier, 1938, Le Centre de Montréal des Archives nationales du Québec, P48,S1,P1982.

La prison des Plaines

La vieille prison des plaines d'Abraham, aujourd'hui intégrée au Musée national des beaux-arts du Québec, a été construite de 1861 à 1871 selon les plans de l'architecte Charles Baillairgé. Elle remplaçait un édifice plus ancien construit à l'intérieur des murs de la ville et qui a été converti ensuite en institution d'enseignement, sous le nom de Morrin College. La prison des Plaines a accueilli les prévenus et les condamnés du district judiciaire de Québec pendant plus d'un siècle, soit jusqu'à l'ouverture de la prison d'Orsainville en 1970.

Photo : Philippe Gingras, vers 1895, Le Centre de Québec des Archives nationales du Québec, P585,D9,P11.

Accusés sous bonne garde

La somptuosité du décor des salles d'audience et des corridors accessibles au public du palais de justice de Québec tranche avec le dépouillement du secteur des cellules où sont amenés les prisonniers en attente de comparution. Lors des rénovations importantes apportées à l'édifice de 1927 à 1931, un escalier spécial est aménagé à l'arrière de la cour criminelle afin d'éviter tout contact entre le public et les accusés. C'est sous étroite surveillance policière que ceux-ci sont conduits au tribunal et ramenés à la prison.

Photo : Neuville Bazin, 1952, Le Centre de Québec des Archives nationales du Québec, E6,S7,P94418.

Une prison aux allures de château !

En 1929, le gouvernement autorise la construction d'une prison pour les femmes, à Québec. Suivant l'inspiration néogothique qui a doté la ville du somptueux Château Frontenac, le projet retenu vise à « créer un décor qui ennoblit une façade derrière laquelle se vit une dure réalité ». L'établissement est confié aux Sœurs du Bon-Pasteur de Québec et s'appellera le Refuge Notre-Dame de la Merci jusqu'en 1973, puis Maison Gomin jusqu'à sa fermeture en 1992. C'est une religieuse qui en assume la direction jusqu'en 1981 et une autre y restera jusqu'à la fin à titre d'agent de la paix.

Photo : William B. Edwards, 1930-1932, Le Centre de Québec des Archives nationales du Québec, P372,D666.

La prison du Pied-du-Courant

Abritant aujourd'hui le siège social de la Société des alcools du Québec, l'ancienne prison du Pied-du-Courant a été utilisée comme institution carcérale de 1836 à 1912, alors qu'elle a été remplacée par la prison de Bordeaux. Plusieurs Patriotes y ont été détenus lors des rébellions de 1837-1838, et 12 d'entre eux ont été pendus sur un échafaud construit au-dessus du portail, ce qui confère à l'édifice une très forte valeur symbolique. De fait, la prison des Patriotes a été classée monument historique sous cette dénomination.

Photo : Conrad Poirier, 1944, Le Centre de Montréal des Archives nationales du Québec, P48,S1,P11199.

Sous un soleil de plomb

Au début de juillet 1945, Montréal connaît une vague de chaleur, à la grande joie des enfants qui envahissent alors les terrains de jeux de la ville. C'est moins drôle pour ceux qui, comme ce policier, doivent travailler sous un soleil de plomb. Dans son bel uniforme de couleur sombre, il semble trouver la chaleur accablante. Avec son large sourire, il aurait pu être la vedette de la campagne publicitaire de la populaire boisson gazeuse Coca-Cola qui mettait en scène un agent invitant les gens à s'arrêter pour se rafraîchir avec un bon Coke !

Photo : Conrad Poirier, 1945, Le Centre de Montréal des Archives nationales du Québec, P48,S1,P11863.

Des ressources humaines qualifiées

Le travail des policiers ne se limite pas à la patrouille, et il comporte une grande part de travail de bureau. Les premiers agents de la Police provinciale étaient plutôt des hommes de terrain. Ceux qui prennent leur relève après 1960 arrivent avec une formation plus poussée acquise à l'École de police du Québec de la rue Poupart, à laquelle succède en 1969 l'Institut de police de Nicolet. Ces recrues de 1964 incarnent le changement annoncé par l'équipe de Jean Lesage. C'est la Révolution tranquille, même pour la police provinciale.

Photo : auteur inconnu, 1964, collection Sûreté du Québec, Fonds Maurice Baril.

Prévention
et autres tâches

Grande tenue requise

Dès l'annonce du décès de Sir Lomer Gouin, lieutenant-gouverneur de la province de Québec, son successeur, le juge Henry George Carroll, doit être assermenté. La cérémonie se déroule le 1ᵉʳ avril 1929 au parlement, à Québec, dans la salle du Conseil législatif qu'on appelle le «Salon rouge». À la fin de la cérémonie, le nouveau représentant du roi pose pour la postérité devant l'entrée principale du parlement. Le protocole veut qu'il soit accompagné par des policiers revêtus de leur tenue d'apparat.

Photo : William B. Edwards, 1929, Le Centre de Québec des Archives nationales du Québec, P600,S6,D1,P511.

Funérailles d'État

Le premier ministre Daniel Johnson meurt dans l'exercice de ses fonctions le 26 septembre 1968 au barrage Manic-5. Il a évidemment droit à des funérailles d'État, dont un des éléments protocolaires est la participation active des forces policières. Des policiers sont à l'aéroport de L'Ancienne-Lorette pour accueillir la dépouille mortelle. Puis, la Sûreté provinciale se déploie au parlement où les citoyens viennent rendre hommage au créateur des cégeps et de l'Université du Québec. Enfin, des policiers porteront le cercueil et garderont les portes de la basilique Notre-Dame de Québec, trop petite pour accueillir toute la foule qui se presse aux funérailles.

Photo : André Readman, 1968, Le Centre de Québec des Archives nationales du Québec, E6,S7,P6842031.

Une soirée au cinéma

Un agent de la Police provinciale accompagne le premier ministre dans tous ses déplacements, même au cinéma. Nul doute que Maurice Duplessis s'apprête à passer une bonne soirée au Palais Montcalm ce 27 mai 1952 : il vient à la première du film Jeunesse rurale. *La promotion de l'agriculture et son renouveau, c'est un thème qui lui plaît et qu'il développe volontiers dans ses discours, vantant les valeurs traditionnelles et le monde de la terre. Le film terminé, le premier ministre sera reconduit par son chauffeur ou garde du corps à ses appartements du Château Frontenac.*

Photo : Neuville Bazin, 1952, Le Centre de Québec des Archives nationales du Québec, E6,S7,PA48.

De la grande visite

Le service de la circulation de Montréal, dirigé par l'inspecteur adjoint Tom Leggett, a eu fort à faire lors de la visite du roi Georges VI et de la reine Elizabeth en mai 1939. Deux millions de personnes ont assisté au défilé et aux réjouissances. Les écoliers ont pu participer à la fête lors d'une activité prévue à leur intention. Le cortège royal a défilé devant les jeunes anglo-protestants au stade Molson de l'Université McGill et devant les écoliers canadiens-français au stade Delorimier, temple des Royaux. C'est dans une atmosphère bon enfant que les policiers ont assuré le service d'ordre.

Photo : Conrad Poirier, 1939, Le Centre de Montréal des Archives nationales du Québec, P48,S1,P4234.

Une Saint-Jean bien tranquille

Les policiers sont de tous les événements qui attirent les foules. Certaines manifestations ou festivités sont plus tranquilles que d'autres, comme cette parade de la Saint-Jean-Baptiste de 1943, à Montréal, qui réunit parents et enfants sous la surveillance débonnaire de policiers qui déambulent d'un air décontracté. La foule attend le défilé si sagement que le cordon limitant l'accès à la rue n'a même pas été installé. Le respect de l'uniforme suffit peut-être à prévenir toute indiscipline. On est loin des débordements qui viendront plus tard.

Photo : Conrad Poirier, 1943, Montréal, Le Centre de Montréal des Archives nationales du Québec, P48,S1,P9415.

Une tribune bien gardée

En 1969, l'esprit bon enfant des années 1940 n'est plus. Le défilé de la Saint-Jean passe devant l'estrade d'honneur où le maire Jean Drapeau a réuni ses invités, mais sous l'œil vigilant d'un service d'ordre serré. On est prêt, pas question que 1968 se répète! Casqués et armés de matraques, mille policiers étouffent les désordres et dispersent les partisans du Front de libération populaire. Eu égard aux critères actuels, les dommages collatéraux sont relativement minimes: six policiers blessés, une quarantaine de vitrines brisées et une dizaine de personnes arrêtées.

Photo: Jules Rochon, 1969, Le Centre de Québec des Archives nationales du Québec, E10,D69-148,P5A.

Vie publique

Représenter le souverain, c'est-à-dire incarner l'État, est certainement un privilège mais sûrement pas une sinécure. Les déplacements du gouverneur général du Canada sont entourés d'un protocole rigide. Quand lord Tweedsmuir, le 5 octobre 1937, se rend à l'invitation de l'Hôpital Sainte-Justine de Montréal, il est escorté par des motards, conduit par un chauffeur, protégé par un garde du corps, et un policier conduisant une motocyclette à nacelle latérale lui a ouvert le chemin. Arrivé à bon port, il pourra visiter en toute quiétude « la maison canadienne-française des enfants malades ».

Photo : Conrad Poirier, 1937, Le Centre de Montréal des Archives nationales du Québec, P48,S1,P1517.

Au service de la communauté

Un des points qu'ont en commun pompiers et policiers est leur dévouement à l'égard des œuvres de bienfaisance. Les deux corps rivalisent volontiers pour se mettre au service des bonnes causes au soutien desquelles ils apportent non seulement leur bonne volonté et leurs bras vigoureux, mais aussi leur équipement et leur technologie, avec bien sûr la connivence de leurs supérieurs. Responsables des services ambulanciers jusqu'à une époque relativement récente, les policiers de la métropole transportent malades et personnes handicapées pour assister à une messe célébrée pour eux en février 1945.

Photo : Conrad Poirier, 1945, Le Centre de Montréal des Archives nationales du Québec, P48,S1,P12438.

Fraude à l'assurance ?

La littérature relative aux incendies contient de nombreuses références aux feux d'origine criminelle. On y prodigue toutes sortes de conseils aux pompiers et aux inspecteurs afin qu'ils sachent repérer ce genre de sinistre. En cas d'inculpation, les enquêteurs doivent consacrer beaucoup de temps au suivi des procès des accusés, réduisant ainsi leurs activités auprès des municipalités. Les incendies volontaires sont classés sous cinq rubriques : pour cacher un autre crime, par malice ou revanche, par mauvaise intention, par pyromanie ou autre forme de folie, par désir de frauder l'assurance.

Photo : C.A. Beaupré, 1941, Le Centre de Québec des Archives nationales du Québec, E6,S7,P2987.

Unis pour la prévention

L'information sur les comportements à risque fait partie du travail des responsables de la prévention des incendies. En 1950, le conférencier du Commissariat des incendies, organisme rattaché au ministère des Travaux publics, a prononcé 125 causeries diverses qui ont touché 84 900 personnes, essentiellement des écoliers. Pour joindre les adultes, on utilise le canal associatif – clubs Kiwanis, Chevaliers de Colomb, etc. – ainsi qu'une association vouée à la cause, les Cercles combatifs contre l'incendie de la Province de Québec. En juillet 1950, ses membres se réunissent à Pierreville à l'occasion de la Semaine de la prévention des incendies.

Photo : Joseph Guibord, 1950, Le Centre de Montréal des Archives nationales du Québec, E6,S7,SS1,P50283.

Feux d'abattis

Les incendies de forêt ne sont pas moins redoutables que les autres incendies. Pour protéger les territoires de colonisation, le gouvernement édicte une réglementation concernant les feux d'abattis et en confie l'application à ses garde-feu. Les déchets doivent être accumulés à au moins 15 mètres de la forêt dans un espace nettoyé ; les brûlis doivent être surveillés en permanence et il faut les faire aussitôt que possible après la fonte des neiges. On doit aussi tenir compte du vent et, bien sûr, obtenir un permis... du garde-feu ! En 1927, la ville de Rouyn a pu à la fois admirer et craindre l'immense incendie qui l'entourait.

Photo : Hubert Vavassour, 1927, Le Centre de l'Abitibi-Témiscamingue et du Nord-du-Québec des Archives nationales du Québec, P123-1,P36.

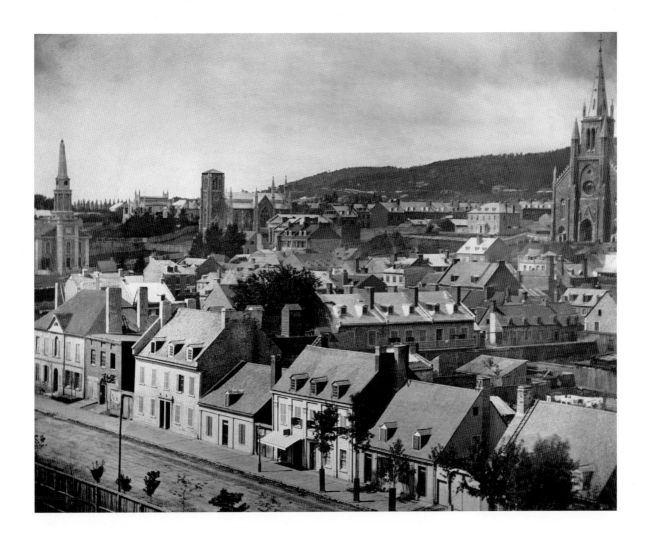

Une architecture soucieuse de prévention

La concentration de l'habitat favorise naturellement la propagation des incendies. Aussi les habitants et les pouvoirs publics ont-ils cherché des moyens pour enrayer ce fléau. Bien avant la mise en place de services d'incendie disposant d'équipements appropriés, cette préoccupation a souvent marqué l'architecture urbaine : construction en pierre plutôt qu'en bois, surélévation des murs mitoyens bien au-dessus des toits pour en faire des murs coupe-feu. Ce dernier dispositif est rendu encore plus visible sur cette rue de Montréal, photographiée en 1852, par l'alternance de maisons de hauteur différente.

Photo : Robert Lisle, 1852, Bibliothèque et Archives Canada, C-047354.

Échapper au feu

Aux alentours des années 1930, d'étranges boyaux flanquaient parfois un des côtés des grands bâtiments susceptibles d'accueillir beaucoup d'occupants. En cas d'incendie, il fallait que les pensionnaires des orphelinats, par exemple, puissent s'échapper. C'est pourquoi ces longs tuyaux, appelés chaussettes d'évacuation, étaient fixés en pente le long d'un mur extérieur de manière à offrir une issue rapide jusqu'au sol à partir du toit ou depuis un des étages intermédiaires. Ils étaient assez larges pour qu'une personne s'y introduise pieds devant et dévale les étages en quelques secondes. Une glissade à vous couper le souffle.

Photo : auteur inconnu, vers 1930, Le Centre de Québec des Archives nationales du Québec, E24.

Quand glisser n'est pas jouer

Certaines activités de la Semaine de prévention des incendies se passent dans les établissements scolaires. Sous le regard attentif des pompiers, les élèves exécutent un exercice d'évacuation. Certains peuvent quitter les lieux par les escaliers, mais sans précipitation, tandis que les occupants des étages supérieurs doivent se glisser hors du bâtiment en empruntant une chaussette d'évacuation, sorte de tuyau un peu spécial qui les mène au pied de l'édifice. Cet entraînement permet aux enfants d'apprivoiser la peur et de mieux suivre les consignes lors d'un sinistre éventuel.

Photo : auteur inconnu, 1963, Archives de la Ville de Québec, n° 7011.

La parade

Afin de donner plus de visibilité aux activités de la Semaine de prévention des incendies et de sensibiliser très directement la population, que ce soit à Québec, Montréal, Rimouski, Sherbrooke où ailleurs, il est d'usage d'organiser une parade. Souvent la fanfare des pompiers de l'endroit en constitue la pièce maîtresse, suivie des camions rutilants avec leur équipement ainsi que des véhicules placardés d'affiches parlant de prévention. Les badauds installés sur les trottoirs écoutent l'aubade offerte par les pompiers. C'est l'art de joindre l'utile à l'agréable.

Photo : auteur inconnu, 1941, Archives de la Ville de Québec, n° 1109.

Prévention synonyme de protection

Aux États-Unis comme au Canada, la première semaine entière d'octobre est consacrée à la prévention des incendies. Elle commémore l'incendie de Chicago du 9 octobre 1871, d'une ampleur sans précédent, qui a causé 250 morts, fait 100 000 sans-abri et détruit 17 400 bâtiments. C'est en 1923 que le gouverneur général du Canada proclame la première Semaine de la prévention des incendies. Les cités et villes du pays y participent activement, notamment la ville de Québec. Pour l'occasion, les vitrines se remplissent d'affiches faisant appel à la vigilance des citoyens et donnant des conseils de sécurité.

Photo : auteur inconnu, vers 1940, Archives de la Ville de Québec, n° 1145.

Pédagogie policière

On le sait depuis longtemps : trop souvent les jeunes — surtout les garçons — sont victimes d'accidents de la route. Aussi la police inscrit-elle dans ses tâches d'aller au-devant d'eux, jusque dans les salles de classe, pour les sensibiliser aux règles de la circulation et de la sécurité routière. Pour une fois, tous les élèves ont l'air intéressés ! L'emploi d'autos miniatures prêtes à foncer aux quatre coins d'un carrefour contribue à une approche concrète des problèmes. La démarche constitue sans doute une nouveauté au début des années 1950 puisque la séance se déroule en présence de deux journalistes et d'un photographe et aura des échos dans la presse locale.

Photo : auteur inconnu, 1952, Le Centre de l'Outaouais des Archives nationales du Québec, P34,S6,D3,P9

Ça commence à la maternelle

Il n'est jamais trop tôt pour apprendre quelques règles de sécurité. Dès la maternelle, les tout-petits rendent visite au poste de pompiers de leur quartier. Ils sont passionnés par le camion rouge et son équipement. Ici, des enfants de Lennoxville accordent toute leur attention au pompier qui leur en explique le fonctionnement. Ils rentreront chez eux avec peut-être le rêve de devenir pompier ; pour certains, ce sera une vocation bien plus qu'un métier.

Photo : Jacques Darche, 1967, Le Centre de l'Estrie des Archives nationales du Québec, P5.

Le septième art et la prévention des accidents

Dans les années 1940, les rapports du Commissariat aux incendies signalent qu'on projetait volontiers des films lors des campagnes de prévention auprès du grand public aussi bien que dans les écoles, le dernier-né des arts suscitant un immense intérêt. Les corps policiers ne tardent pas à faire de même. La photo ci-dessus montre la simulation d'un accident susceptible d'arriver à un piéton inattentif ou imprudent. La mise en scène évidente donne à penser que l'image vient d'un court métrage dont les policiers se servaient dans leurs tournées de sensibilisation.

Photo : Conrad Poirier, 1947, Le Centre de Montréal des Archives nationales du Québec, P48,S1,P15095.

Des images percutantes

Les policiers tout comme les pompiers sont engagés dans la prévention et ils organisent des activités pour sensibiliser la population aux dangers auxquels elle s'expose, notamment sur la route. Pour évoquer les risques, pas besoin de grands discours. Des affiches aux dessins très réalistes sont placardées dans les lieux publics de manière à frapper l'imagination et à attirer l'attention de tous. Comme en période électorale, les poteaux remplissent leur office.

Photo : auteur inconnu, 1952, Le Centre de l'Outaouais des Archives nationales du Québec, P34,S6,D3,P2.

Une escorte de chef d'État

Le 23 novembre 1946, celui qu'on appelle alors « le bonhomme » Noël arrive à Montréal en bonne compagnie. Sous un froid vif et des tourbillons de neige qui annoncent l'hiver, les héros favoris des petits composent une parade qui défile sur plus de six kilomètres. Enfin, le bonhomme apparaît, dans son traîneau magique qui survole un groupe de maisons aux toits enneigés, escorté comme un grand de ce monde par des policiers à cheval qui caracolent sur leurs montures. Participer à ce joyeux cortège est une des nombreuses activités que les policiers font pour et avec les jeunes.

Photo : Conrad Poirier, 1946, Le Centre de Montréal des Archives nationales du Québec, P48,S1,P13855.

À vélo quand il fait beau

Une belle journée de juillet 1941, les membres d'un club cycliste de Verdun, The YMCA Bicycle Club, qui veulent pédaler en toute sécurité partent en promenade. La petite troupe est menée par un policier qui va sûrement leur expliquer les règles à suivre pour se protéger et respecter la loi. On sait que la police de Montréal à cette époque entretenait des brigades à bicyclette qui s'occupaient particulièrement de la circulation et du stationnement. Actives durant les années 1930 jusqu'au milieu des années 1940, ces brigades ont été démantelées par la suite.

Photo : Conrad Poirier, 1941, Le Centre de Montréal des Archives nationales du Québec, P48,S1,P6740.

Vie sociale

Des pompiers musiciens

Plusieurs fanfares ont animé la vie musicale de Québec au XIXe siècle. Jusqu'au départ de la garnison britannique, en 1871, la capitale était un haut lieu de la musique militaire au Canada. Les fanfares régimentaires ont ensuite cédé la place à des harmonies civiles ou paramilitaires, en plus de celles des forces armées. Ainsi, les pompiers de Québec avaient une fanfare qui se produisait notamment lors de la Semaine de prévention des incendies. Ils s'exécutent ici au Palais Montcalm.

Photo : Photo Moderne, vers 1945, Archives de la Ville de Québec, n° 1124.

Une bonne bière

Le 9 juillet 1941, les policiers et les pompiers de la ville de Rouyn sont réunis dans la salle de réception de l'hôtel Albert, qui a été reconstruit après le terrible incendie de 1938. Cette rencontre est une occasion de fraterniser pour ces hommes qui se dévouent pour veiller à la sécurité de leurs concitoyens. Quand ce n'est pas une boisson gazeuse, c'est la bière qui accompagne le plus souvent les banquets à cette époque. Autres temps, autres mœurs !

Photo : Joseph-Hermann Bolduc, 1941, Le Centre de l'Abitibi-Témiscamingue et du Nord-du-Québec des Archives nationales du Québec, P124,P67-41-1.

Prêts pour le défilé

Même si la police à cheval n'est établie officiellement qu'en 1911 à Québec, les constables ont défilé sur de belles montures lors des célébrations soulignant l'accession au trône de George V, au décès d'Édouard VII, en 1910. L'effectif de cette police montée s'est résumé à bien peu de chose durant la trentaine d'années d'existence de l'escouade. Après sa dissolution, on a continué à utiliser des chevaux dans les défilés et à l'occasion d'événements spéciaux.

Photo : Jules-Ernest Livernois, 1910, Le Centre de Québec des Archives nationales du Québec, P560,S2,P86484.

Une parade de la Saint-Jean aux couleurs de la Grande-Bretagne

Lors de la parade de la Saint-Jean-Baptiste en 1940, le camion de la brigade des pompiers de Rouyn arbore l'Union Jack. Il n'y a pas de quoi s'étonner dans le contexte du conflit mondial, d'autant plus que la ville jumelle du chef-lieu de l'Abitibi, c'est-à-dire Noranda, est encore à majorité anglophone. Cette démonstration exprime sans doute aussi la solidarité des pompiers envers les troupes britanniques qui se trouvent désormais seules à résister à l'avance de Hitler à la suite de la reddition de la France le 22 juin 1940.

Photo : auteur inconnu, 1940, Le Centre de l'Abitibi-Témiscamingue et du Nord-du-Québec des Archives nationales du Québec, P117-2,P2164.

Québec s'est remise du départ des Bulldogs !

Dans les années 1920, le hockey amateur était beaucoup plus populaire que celui de la Ligue Nationale, surtout à l'extérieur de Montréal. Cela était encore plus vrai à Québec qui venait de perdre ses Bulldogs, champions de la coupe Stanley à deux reprises, soit en 1912 et 1913, au profit de Hamilton. En 1926, par exemple, une dizaine de ligues présentaient des matchs sur les patinoires de Québec. Le Club de hockey de la brigade de feu de Québec, qu'on voit ici devant la caserne de l'hôtel de ville, ne faisait partie d'aucune ligue organisée, mais il lançait des défis aux équipes locales et de l'extérieur.

Photo : William B. Edwards, 1926, Archives de la Ville de Québec, n° 1325.

Policiers contre pompiers

Le match inaugural de la saison 1948 de la Ligue de base-ball des employés civiques, opposant les pompiers aux policiers de la ville de Québec au stade du parc Victoria, a été chaudement disputé jusqu'à la cinquième manche. Toutefois, les policiers sont finalement sortis vainqueurs grâce à la supériorité des deux lanceurs qui se sont succédé au monticule. Cette victoire a été d'autant plus appréciée que les pompiers étaient les champions en titre. La photo montre le lancer de la première balle par la batterie d'honneur, composée cette année-là de deux échevins et d'un inspecteur de police.

Photo : auteur inconnu, 1948, Archives de la Ville de Québec, n° 2557.

Un champion olympique

Étienne Desmarteau occupe une place très importante dans l'histoire du sport québécois. En effet, ce jeune policier montréalais devient, en 1904, le premier Québécois à remporter une médaille d'or aux Jeux olympiques qui se tiennent cette année-là à Saint-Louis. Il propulse à plus de 11 mètres un poids de 25 kilos muni d'une poignée, qui ressemble à l'engin utilisé de nos jours pour le lancer du marteau. Après avoir été congédié parce qu'on lui avait refusé la permission de s'absenter pour aller aux Jeux, le nouveau héros est évidemment réintégré dans ses fonctions. Il meurt cependant en 1905 de la fièvre typhoïde.

Photo : auteur inconnu, 1904, Bibliothèque et Archives Canada, Athlètes olympiques canadiens.

« Le Samson canadien »

Louis Cyr est une figure mythique du Québec, le plus connu d'une longue série d'hommes forts dont les exploits alimentent encore les conversations. Né le 10 octobre 1863 à Saint-Cyprien de Napierville, au sud de Montréal, et décédé le 10 novembre 1912, il accomplit de nombreux exploits au cours de sa carrière. À l'âge de 20 ans, Louis Cyr est embauché comme policier à Sainte-Cunégonde, mais il remet son insigne dès la fin de 1885 pour se consacrer entièrement à sa carrière d'homme fort. Il effectue des tournées qui le conduisent partout en Amérique du Nord. On le voit ici en compagnie de sa femme et de sa fille unique.

Photo : Studio Champagne (Lowell, Massachusetts), vers 1890, collection privée Yves Beauregard.

Des athlètes de haut niveau

Deux athlètes montréalais se distinguent aux Jeux de la police en 1938 : le sergent Raymond Guindon, spécialiste des lancers, et le policier Ian Hume, spécialiste des sauts. C'est ce dernier qu'on voit ici franchir la barre au saut en hauteur. On trouve de véritables champions au sein des forces policières à cette époque. Guindon, par exemple, établit un nouveau record provincial au lancer du javelot en 1938. Lui et son confrère Hume finissent la compétition ex aequo et permettent à leur équipe de vaincre les policiers de Toronto.

Photo : Conrad Poirier, 1938, Le Centre de Montréal des Archives nationales du Québec, P48,S1,P3351.

Vainqueur du marathon de Boston

Le 19 avril 1937, le jeune sportif Walter Young de Verdun remporte une victoire décisive au marathon de Boston en devançant ses plus proches rivaux par plus de six minutes. Il devient le deuxième Québécois à remporter la prestigieuse épreuve d'endurance. On le voit ici affairé à signer des autographes pour des admirateurs lors d'une rencontre d'athlétisme au stade de l'Université McGill. Il a joint les rangs de la police de Verdun peu après son exploit.

Photo : Conrad Poirier, 1937, Le Centre de Montréal des Archives nationales du Québec, P48,S1,P1784.

Tournoi annuel des policiers

Le 31 juillet 1937 se tient la quarantième édition du tournoi de l'Association athlétique de la police de Montréal. Les policiers de la métropole reçoivent cette année-là leurs confrères de Toronto et de Hamilton. L'équipe de Toronto remporte le tournoi grâce à sa supériorité sur la piste. Les coureurs de la ville reine gagnent plusieurs compétitions, dont celle du demi-mille. C'est malgré tout un Montréalais, le constable Raymond Guindon, qui sera le héros du jour avec des victoires au lancer du javelot, du disque et du poids de 25 kilos.

Photo : Conrad Poirier, 1937, Le Centre de Montréal des Archives nationales du Québec, P48,S1,P1831.

Les apprentis acrobates

Les cadets participent activement aux jeux qui sont organisés chaque année par l'Association athlétique de la police de Montréal. En 1938, ils présentent une démonstration de gymnastique qui est très appréciée des 15 000 personnes réunies au stade de l'Université McGill. L'exercice occupe une place très importante dans la formation des jeunes policiers, et la pratique du sport reste durant toute leur carrière un moyen de maintenir le moral et la forme physique.

Photo : Conrad Poirier, 1938, Le Centre de Montréal des Archives nationales du Québec, P48,S1,P3014.

Tournoi des pompiers à Malartic

La petite ville de Malartic a été sérieusement éprouvée en 1947, alors que 12 mineurs ont péri dans l'incendie d'un puits. Cela n'a pas empêché la municipalité de se classer cinquième au Canada lors du concours de prévention des incendies tenu cette année-là. Mise sur pied en 1941, la brigade des pompiers de Malartic s'est distinguée à plusieurs reprises dans ces concours. En 1949, elle est l'hôte du tournoi régional des pompiers, compétition qui permet à ceux-ci de démontrer leur adresse au cours de différentes épreuves.

Photo : auteur inconnu, 1949, Le Centre de l'Abitibi-Témiscamingue et du Nord-du-Québec des Archives nationales du Québec, P228,P254.

Le choc des titans

Les colosses des deux corps policiers montréalais et torontois mesurent leur force à la souque-à-la-corde. Cet affrontement ne fait pas partie des compétitions officielles, mais il permet à ceux qui sont un peu moins en forme ou plus âgés de démontrer leurs capacités. Au programme de l'édition de 1938 des jeux figurent aussi une course pour les échevins et une autre pour les journalistes.

Photo : Conrad Poirier, 1938, Le Centre de Montréal des Archives nationales du Québec, P48,S1,P3348.

Un travail d'équipe

Pour l'édition de 1955 du carnaval de Québec, les pompiers de la caserne de Saint-Sauveur ont réalisé une réplique sur neige de la première pompe à vapeur du service des incendies, importée de Grande-Bretagne en 1873. Déjà à cette époque, les tâches des pompiers de métier étaient nettement définies et hiérarchisées : porte-lance, préposé au pompage, aux boyaux, porte-hache. Dans chaque caserne, les capitaines faisaient régner la discipline. La réalisation de ce véritable chef-d'œuvre s'est faite dans un climat très détendu.

Photo : auteur inconnu, 1955, Archives de la Ville de Québec, n° 3263.

Pêche blanche à LaSalle

La pêche est depuis longtemps un des passe-temps favoris des Québécois. Ces pompiers de la ville de Montréal profitent d'une belle journée de janvier pour se rendre pêcher sous la glace à LaSalle. La «pêche blanche» était pratiquée par les Amérindiens, et les colons ont repris cet usage. On dit que le poisson qui est pêché l'hiver a la chair plus ferme et meilleur goût que celui pris l'été. Cette partie de pêche alimentera sans doute les conversations à la caserne pour plusieurs jours !

Photo : Conrad Poirier, 1938, Le Centre de Montréal des Archives nationales du Québec, P48,S1,P3151.

Assistants du Père Noël

Il est bien connu que partout dans la belle province pompiers et policiers retroussent volontiers leurs manches pour confectionner ou réparer des jouets qui raviront les enfants de familles démunies à l'occasion de Noël. C'est là une tradition ancienne qui se poursuit depuis plusieurs générations, et ce dévouement suscite la générosité de nombreux donateurs, y inclus les commerçants qui fournissent les matériaux nécessaires à ces assistants du Père Noël portant parfois cravate et gilet, comme ces commissaires de police qui s'affairent à construire une foule de petits bateaux.

Photo : Conrad Poirier, 1941, Le Centre de Montréal des Archives nationales du Québec, P48,S1,P6505.

L'ami des petits

Les policiers participent à de nombreuses activités dans la communauté et soutiennent notamment des campagnes de financement en faveur de causes diverses. Cela n'est pas nouveau. Ainsi, dans les années 1940 à Montréal, la police municipale organise, sous l'impulsion du capitaine Oliva Pelletier, des centres de loisirs pour les enfants. Ces « clubs juvéniles de la police » obtiennent un franc succès au point qu'ils comptent 53 000 membres en 1941. Pour l'enfant, le policier est certainement un ami.

Photo : Conrad Poirier, 1937, Le Centre de Montréal des Archives nationales du Québec, P48,S1,P1721.